AF367897

L'INDUSTRIE,

OU

DISCUSSIONS

POLITIQUES,
MORALES ET PHILOSOPHIQUES,

DANS L'INTÉRÊT DES HOMMES LIVRÉS A DES TRAVAUX
UTILES ET INDÉPENDANS.

Par H. SAINT-SIMON.

Tout par l'Industrie ; tout pour elle.

TOME QUATRIÈME.

PREMIER CAHIER.

A PARIS,

CHEZ VERDIÈRE, LIBRAIRE,
Quai des Augustins, n.º 27.

1818.

MOYEN
CONSTITUTIONNEL

D'augmenter les richesses de la France;

D'accroître sa liberté au dedans;

D'assurer son indépendance à l'égard de l'étranger;

Et de procurer aux industriels tous les avantages politiques qu'ils peuvent désirer.

———

MOYEN :

Obtenir une loi qui mette les industriels agricoles, à l'égard de leurs bailleurs de fonds, dans la même position que les industriels fabricans et commerçans envers les personnes dont ils font valoir les capitaux.

Tout exemplaire non revêtu de notre signa-
ture, est nécessairement une contrefaçon ou
un objet qui nous a été volé.

DE L'IMPRIMERIE D'ABEL LANOE.

TABLE

DES MATIÈRES CONTENUES EN CE CAHIER.

CHAPITRE IV.

CHAPITRE V.

CHAPITRE VI.

(3)

CHAPITRE VII.

CHAPITRE VIII.

PRÉFACE.

Nous avons démontré dans nos premiers volumes :

1.º Que la *classe industrielle* est la seule classe utile.

2.º Que cette classe devient continuellement plus nombreuse, et que s'accroissant toujours aux dépens des autres, elle doit finir par devenir la *classe unique*.

3.º Que toutes les *lois*, ainsi que toutes les *mesures administratives* pouvaient être bien jugées en les considérant sous cet unique rapport : *sont-elles utiles* ou *nuisibles à l'industrie ?* et que c'était même la seule manière de les juger sainement.

Ces démonstrations méritaient peut-être du *public* un accueil plus favorable que celui qu'elles ont reçu. Quoi qu'il en soit, ceux qui écrivent, doivent s'attendre non-seulement à porter la peine de leurs erreurs, mais encore à être comptables pour les *vérités* qu'ils n'ont pas su faire valoir tout leur prix. Le *public* n'est jamais complétement injuste.

On nous reproche d'avoir, dans notre *troisième volume*, perdu le fil de notre première direction : cette direction était donc bonne, et nous trouvons jusques dans ce reproche, une sorte d'éloge et d'encouragement qui nous console pour le *passé*, en nous avertissant pour *l'avenir*. Nous aimons même à croire qu'après la lecture de ce volume, le *public* reviendra à une opinion plus indulgente sur le *volume* précédent, et qu'alors notre faute ne sera plus à ses yeux qu'un *manque de méthode*, défaut dont nous sommes si loin de vouloir éviter le reproche, que plus tard nous en établirons la démonstration, en relevant nous-mêmes une autre erreur plus grave que nous avons commise et qui a échappé au *public*.

L'industrie pratique a des *moyens* d'accroître son *importance politique*, qui lui sont personnels : attachons-nous à découvrir ces moyens et à trouver la manière de les utiliser : tâchons de former avec ces seuls matériaux des combinaisons d'une bonté en quelque façon palpable. Nous aurons le double avantage de produire un bien immédiat, et de prouver à *l'industrie pratique*, que *l'industrie théorique* peut la servir utilement; d'où cette conséquence naturelle, qu'il est de son intérêt de se coaliser avec elle. *L'industrie pratique* pourrait beaucoup sans doute pour son propre bien, avec ses seules ressources, si elle les employait convenablement; mais que ne pourrait-elle pas en les combinant avec les efforts de *l'industrie théorique*? Qu'on nous pardonne d'accorder ce dernier regret à une idée que nous abandonnons pour le moment.

Il est facile de faire un livre avec des livres : il est plus difficile de faire un livre dans lequel soient traitées des questions neuves, même quand ces questions sont particulières. Mais faire un livre vraiment neuf, portant sur la plus générale et la plus importante des questions, c'est assurément le comble de la difficulté. Tel est le cas dans lequel nous nous trouvons. Nous croyons donc avoir quelques droits à l'indulgence des lecteurs.

MOYEN

CONSTITUTIONNEL

D'ACCROÎTRE LA FORCE POLITIQUE DE L'INDUSTRIE, ET D'AUGMENTER LES RICHESSES DE LA FRANCE.

CHAPITRE PREMIER.

Considérations générales sur l'*état présent de la civilisation*.

§ I.

De l'état présent de la civilisation.

Le tempérament, l'éducation, les circonstances, ont tant d'empire sur la conduite de la vie, que c'est rarement d'après nos lumières que nous agissons. L'impétuosité du car actère la force des habitudes de l'enfance, les choses qui nous entourent, voilà le plus souvent ce qui nous entraîne, ce qui nous gouverne en dépit de nous, malgré les avertissemens de la raison et de l'expérience. Telle est en peu de mots l'histoire des hommes et des *nations*.

La *France*, et d'après son impulsion, tout le reste de l'*Europe*, ont déployé le caractère le plus violemment guerrier, à une époque où toutes les idées acquises devaient en quelque sorte rendre les guerres impossibles, à une époque où l'intérêt de tous, d'accord avec la raison commune, semblait devoir faire de la *Philantropie*, une doctrine universelle et le principe de la vie nationale en *Europe*. Mais c'était à l'école de l'*ancienne barbarie* que notre jeunesse avait été formée. Les *Grecs* et les *Romains*, nos maîtres en littérature, étaient devenus aussi, on ne sait pourquoi, nos maîtres en *politique*, et de là, en grande partie, cette contradiction singulière entre les lumières et les mœurs, entre les idées et la conduite.

Nous sommes revenus aujourd'hui à des idées plus saines, et rentrés dans une direction plus raisonnable, prenons garde cependant de commettre encore une faute semblable à la première, et qui n'aurait peut-être pas des conséquences moins funestes (1). Ce n'est jamais impunément qu'une *nation* se méprend, ou plutôt qu'elle se laisse tromper dans le travail de sa *constitution*.

____

(1) Les suites de cette erreur seraient sans doute moins violentes, mais à coup sûr elles seraient plus durables.

La *constitution anglaise* fut, à juste titre, un objet d'envie et d'admiration pour nous, tant qu'égarés dans le labyrinthe de la *révolution*, ou enchaînée sous les yeux du *despotisme*, l'étourdissement de tous les esprits, ou le silence de toutes les pensées, ne nous permettait de rien voir, de rien produire de modéré ou de hardi ; en un mot tant que notre propre *civilisation* ne pouvait porter ses fruits : mais aujourd'hui que la *révolution* s'est calmée, que le *despotisme* a disparu, qu'allons-nous faire ? En nous laissant aller, en étourdis, au même enthousiasme, à cette admiration irréfléchie qui ne laisse rien supposer au delà de la *constitution anglaise*, peut-être allons-nous encore nous donner des entraves.

Depuis plus de *cent ans* que les *An-*

glais ont posé les fondemens de leur liberté, notre *civilisation* se préparait en silence, et il est impossible de croire que de les copier aujourd'hui, ce ne soit pas nous reporter d'un siècle en arrière, mal profiter de notre position, et nous faire esclaves, car l'esprit humain ne reste pas stationnaire : plus de temps donne nécessairement plus de lumières, plus de lumières donnent plus de besoins, et par conséquent plus de droits : craignons donc de perdre une partie de nos droits, en nous hâtant de les fonder sur une base trop étroite; profitons de l'*Angleterre*, puisqu'elle est devant nous, mais faisons mieux qu'elle, puisque nous sommes plus âgés, et par cette raison-là même que nous l'avons sous les yeux.

Les agitations révolutionnaires, la

gêne où nous vivons depuis long-
temps, le désir que nous avons d'en
être quittes enfin, nous ont fait, avec
raison, bénir la *charte*, comme l'aurore
d'un plus beau jour : mais quand nous
nous applaudissons, semblables à des
voyageurs arrivés au port et qui n'ont
plus rien à craindre de la mer, quand
nous nous écrions avec transport
que la *révolution est à jamais finie*,
nous exprimons bien plutôt un désir
qu'une confiance raisonnable, et ce
que nous voulons, que ce que nous
savons. En effet cette assurance n'a-
t-elle rien de téméraire ? Y avons-
nous assez réfléchi ? Sommes - nous
sûrs que la question résolue par la
charte, soit bien la seule question à
résoudre, qu'elle soit même la plus
importante ? Voilà ce qui semble
porté dans tous les esprits jusqu'au

dernier degré de conviction, et ce à quoi pourtant personne n'a encore songé.

Nous attachons trop d'importance à la *forme* des *gouvernemens* : il semble que toute la *politique* soit concentrée là , et qu'une fois la *division* des *pouvoirs* bien établie, tout soit organisé le mieux du monde.

Il y a en *Europe* deux peuples qui vivent sous le pouvoir absolu d'un seul ; ce sont les *Danois* et les *Turcs*. S'il y a quelque nuance à marquer, c'est qu'en *Danemarck* le despotisme est plus fort qu'en *Turquie*, puisqu'il y est légal *constitutionnel* ; et cependant sous la même forme de *gouvernement*, quelle différence dans la condition des gouvernés ? il n'y a pas de peuple plus malheureux, plus vexé, plus battu, en un mot plus injustement et plus chèrement administré que le *peuple turc*; tandis qu'il n'en est pas un seul chez qui la liberté soit de fait plus étendue qu'en *Danemarck*, il n'y en a pas un seul, sans en excepter l'*Angleterre*, chez qui le pouvoir arbitraire se fasse moins sentir, chez qui l'administration soit moins coûteuse. D'où vient cette différence ? ce n'est pas sans doute de la *forme* des *gouvernemens*, puisque cette forme est la même de part et d'autre. Il faut donc que la *tyrannie* ait une autre cause, et cette cause la voici : toutes proportions gardées, le *Roi* de *Danemarck* est le plus pauvre de tous les princes de l'*Europe* : le *Grand-Seigneur* est le plus riche de tous, puisqu'il est en *Turquie* le seul *propriétaire*, comme le seul maître.

Cet exemple est la preuve que

la loi qui constitue les pouvoirs et la *forme* du gouvernement n'est pas aussi importante, qu'elle n'a pas autant d'influence sur le bonheur des *nations* que celle qui constitue les *propriétés* (1) et qui en règle l'exercice. Qu'on n'imagine pas cependant que nous

(1) Nous ne prétendons pas dire qu'on ne se soit point occupé du *droit* de *propriété* dans le cours de la *révolution*. Certainement on a discuté ce droit quand on a déclaré les biens du clergé des *domaines nationaux*, car cette décision a été le résultat d'une discussion sur le droit de propriété du *clergé* ; mais l'on n'a point discuté d'une manière générale le *droit* de *propriété*, en recherchant de quelle manière la *propriété* devait être constituée pour le plus grand avantage de la *nation*. Nous prions instamment le lecteur de ne pas perdre de vue que nous avons toujours déclaré que le *désordre* nous paraît le plus grand de tous les maux, et que le maintien de l'*ordre* exige, quel que parti qu'on prenne, quel qu'avantage qui doive en résulter, qu'il ne soit jamais donné d'effet rétroactif à une loi; car, dans ce cas, les inconvéniens seraient toujours au-dessus de l'utilité.

veuillons en conclure que la loi qui établit la *division* des *pouvoirs* ne soit pas essentielle ; nous sommes loin de professer une pareille hérésie. Certainement la forme du *gouvernement parlementaire* est très - préférable à toutes les autres ; mais ce n'est qu'une *forme*, et la constitution de la *propriété* est le *fond* : donc c'est cette *constitution* qui sert véritablement de base à l'édifice social.

Ainsi, la *question* la plus *importante à résoudre* serait, à notre avis, celle de savoir de quelle manière la propriété doit être constituée pour le plus grand bien de la société entière, sous le double rapport de la liberté et de la richesse.

Or, c'est à cette question générale que se rattache la question que nous allons traiter ici.

Tant que les *consommateurs* se trouveront en force de majorité dans les délibérations où il s'agit de faire leur part, cette part sera toujours très-forte, aussi forte qu'ils la voudront faire; c'est-à-dire, qu'en dépit de vos *formes parlementaires*, vous serez gouvernés *arbitrairement*. Dès le moment, au contraire, que les *industriels*, c'est-à-dire, les gens intéressés à la liberté et à l'économie publique, se seront emparés exclusivement de voter l'impôt, alors ils ne donneront que ce qu'ils voudront bien donner, et il seront véritablement libres d'exercer leurs droits dans toute leur étendue. Et encore une fois, pour arriver là, que faut-il faire? Bien comprendre la nature du droit de *propriété*, et fonder ce droit de la manière la plus favorable à l'accroissement des

richesses et des libertés de l'*industrie*.
Or, c'est la condition que nous avons
l'intention de remplir par la mesure
législative exposée dans cet *écrit*,
et dont nous livrons l'examen à
l'opinion publique, c'est - à - dire,
industrielle.

La *déclaration* des *droits* de l'*homme*
qu'on a regardée comme la solution
du problème de la *liberté sociale*, n'en
était véritablement que l'énoncé. Ce
problème est-il résolu ? le sera-t-il ?
Ce qu'il y a de sûr, c'est que ce n'est
pas en organisant, en constituant ou
en combinant les *trois pouvoirs*, qu'on
pourra y réussir.

§ II.

Différence entre les droits *des* industriels *agricoles* et les droits des *industriels* fabricans et commerçans, *à l'égard de leurs* bailleurs *de fonds* respectifs.

———

LES *bailleurs de fonds* d'une maison de commerce, ou d'une manufacture, sont appelés *commanditaires*, expression qui désigne le *rôle* qu'ils jouent à l'égard du *travailleur*.

Dans toute entreprise de commerce ou de fabrication, c'est le travailleur qui donne son nom à la maison, ou, si l'on veut, c'est le nom du *travailleur* qui sert de *raison* à la maison : c'est le *travailleur*, en un mot, qui est l'homme important aux yeux de la loi, ou plutôt, c'est le *travailleur* que la loi a rendu l'homme important.

2

Dans l'*agriculture*, le *travailleur* n'est qu'un *subalterne*, ce n'est qu'un *fermier* qui appelle le *propriétaire* son *maître*.

Dans l'*industrie commerciale* et *manufacturière*, le *travailleur* a le droit d'engager de la manière qu'il trouve convenable pour le bien de l'entreprise qu'il dirige, les capitaux qu'il s'est chargé de faire valoir.

Dans l'*industrie agricole*, le *travailleur* n'est qu'un *locataire* qui ne peut aucunement disposer du capital confié à ses soins ; il est obligé de soumettre ses moindres idées d'amé lioration, ses moindres plans agricoles, aux idées et aux plans du propriétaire.

Dans l'*agriculture*, le *bailleur* de *fonds* n'est donc compromis, au plus, que pour une année d'intérêts ; tandis que dans les deux autres branches de l'*industrie*, la totalité des fonds confiés par le capitaliste, se trouve sans cesse compromise (1).

Le propriétaire d'une terre cultive-t-il lui - même sa propriété ? c'est bien plus à sa qualité de *propriétaire*, qu'à celle de *cultivateur*, qu'il doit la considération dont il jouit parmi les *industriels* de sa classe.

Un négociant est-il propriétaire des fonds qu'il fait valoir? c'est bien plus sa qualité de *négociant*, que celle de *capitaliste*, qui lui procure de la considération dans le commerce.

§ III.

Cause de la différence *existante entre* les droits *des* industriels *des deux* classes, à l'égard de leurs bailleurs de fonds.

————

Les *droits* des *industriels* livrés à la

_____
(1) Il est resulté de là que *l'industrie commerciale*

fabrication et au *commerce*, ont été établis par un acte passé librement entre les parties, par un contrat auquel on a donné le nom de *rachat des communes*.

Les *droits* des *propriétaires* d'*immeubles*, qui sont les principaux *bailleurs* de *fonds* pour l'*industrie agricole*, ont eu pour origine la *conquête*, c'est-à-dire, la loi du plus *fort*.

Les *Francs*, vainqueurs des *Gaulois*, avaient déclaré que le sol des *Gaules* leur appartenait, aussi bien que tous les produits des travaux des Gaulois. Ainsi l'établissement du *droit* de *propriété* en *France*, les limitations de ce *droit*, la manière de l'exercer, ont été primitivement stipulés par le

---

et *manufacturière* a fait des progrès infiniment plus rapides que l'*industrie agricole*.

vainqueur : c'est, au moins l'origine la plus ancienne à laquelle puissent remonter les titres des propriétés actuellement existantes.

Le *droit* de *propriété*, tel qu'il a été établi à cette époque, a été considérablement modifié depuis ; mais l'esprit de la loi n'ayant pas été changé, la loi se trouve encore, malgré les nombreux changemens qu'elle a subis, plus avantageuse aux représentans des *vainqueurs* qui sont leurs descendans ou ceux qui ont acquis d'eux, qu'aux descendans des *vaincus* qui sont nécessairement les seuls représentans de ces derniers ; car ils n'avaient aucun droit à céder. Or, les ayans-cause des *vainqueurs* sont les *propriétaires* des terres, et les successeurs des *vaincus* sont les *culti-vateurs*.

§ IV.

Moyen de corriger cette différence injuste et funeste.

QUEL est le *moyen* de procurer à l'*industrie* un accroissement important de *droits politiques ?*

Ce *moyen* serait de *procurer aux industriels agricoles, à l'égard de leurs bailleurs de fonds, les mêmes avantages dont jouissent les industriels livrés à la fabrication et au commerce, à l'égard des personnes dont ils font valoir les capitaux.*

La loi qui autorisera les *industriels agricoles* à engager les fonds qui leur seront confiés, doit en même tems rendre les transports des propriétés territoriales le moins chers et le plus faciles qu'il soit possible.

La fiixité que les lois existantes tendent à donner aux possessions territoriales, dans les mains de leurs pos-
sesseurs actuels et de leur lignée, est
le plus grand de tous les obstacles
à la prospérité de l'*industrie française* :
elle ôte aux hommes capables, les
motifs d'émulation qui les stimule-
raient au travail. Nous reviendrons
sur ce sujet, dans un des chapitres
suivans.

L'établissement du *droit* de *propriété* et des dispositions pour le faire
respecter, est incontestablement la
seule base qu'il soit possible de donner à une *société politique* ; elle ne saurait exister, même dans l'état le plus
imparfait, si ce droit n'était pas consacré au moins par les usages à défaut
de lois.

Il est donc évident que dans tout

pays, la loi fondamentale est celle qui établit les *propriétés* et les dispositions pour les faire respecter ; mais de ce que cette loi est fondamentale il ne résulte pas qu'elle ne puisse être modifiée. Ce qui est nécessaire, c'est une loi qui établisse le *droit de propriété* et non une loi qui l'établisse de telle ou telle manière. C'est de la conservation du *droit* de *propriété* que dépend l'existence de la *société* ; mais non de la conservation de la loi qui a primitivement consacré ce *droit*. Cette loi dépend elle-même d'une loi supérieure et plus générale qu'elle, de cette loi de la *nature* en vertu de laquelle l'esprit humain fait de continuels progrès, loi dans laquelle toutes les *sociétés politiques* puisent le droit de modifier et de perfectionner leurs institutions ; loi suprême qui défend d'enchaîner les générations à venir par aucune disposition de quelque nature qu'elle soit.

Ainsi donc ces questions :

Quelles sont les choses susceptibles de devenir des *propriétés* ?

Par quels moyens les *individus* peuvent-ils acquérir ces *propriétés* ?

De quelle manière ont-ils le droit d'en user, lorsqu'ils les ont acquises?

Sont des questions que les *législateurs* de tous les pays et de tous les tems, ont le droit de traiter toutes les fois qu'ils le jugent convenable, car le *droit individuel* de *propriété* ne peut être fondé que sur l'utilité commune et générale de l'exercice de ce droit, utilité qui peut varier selon les tems.

Ainsi une loi qui mette les *travailleurs agricoles*, sur le même pied à l'égard de leurs bailleurs de fonds, que les *commerçans* et les *manufacturiers* vis-à-vis des leurs; qui permette par conséquent aux premiers d'engager les capitaux qui leur sont confiés de la même manière que les seconds y sont autorisés : cette loi, disons-nous, peut être faite et doit être faite, si elle est jugée utile.

La loi des *élections* a été un effet du progrès des lumières, la loi dont nous parlons et que nous désirons voir proposer, est devenue aussi nécessaire que celle-là. La société ne peut sortir de l'état de souffrance où elle se trouve que par cette disposition législative bien plus importante que la *charte* (1) elle-même ne l'a été, ainsi que nous le prouverons plus bas.

_____

(1) Nous disons ici la *charte*, comme nous dirions toutes les constitutions données à la *France* depuis le

§ V.

Moyen de déterminer les législateurs à rendre cette loi.

———

L'OPINION publique a été nommée, à juste titre la *reine* du *monde* elle est la force morale la plus grande qui existe, celle à laquelle toutes les autres forces humaines sont obligées de céder dès le moment qu'elle se prononce clairement. Si donc on peut déterminer l'*opinion publique* à prescrire aux *législateurs* de rendre la loi dont nous venons de parler, il est bien certain que cette loi sera rendue.

Il ne s'agit donc plus que d'éclairer l'opinion à cet égard.

commencement de la révolution . comme nous dirions celle de l'*Angleterre* , et en général , toutes les constitutions qui n'ont réglé que les formes du *gouvernement* , sans s'occuper de constituer la *propriété*.

Or il n'est pas douteux que l'*industrie* n'ait de grands moyens en ce genre. De toutes les classes de la *société*, les *industriels* sont ceux qui ont entr'eux les rapports les plus actifs et les plus continus, soit par écrit, soit verbalement ; de plus cette classe jouit de l'avantage d'être, en quelque façon, organisée par le fait de l'influence graduelle que les *maisons* exercent les unes sur les autres, suivant leur degré d'importance dans les affaires. Enfin, elle se trouve dans une situation telle que si une douzaine des premières *maisons industrielles* de *Paris* sentaient bien l'utilité pour elles de la mesure que nous proposons, leur opinion deviendrait en peu de tems commune à toute la *classe commerçante*. En effet, la première *maison* de *banque* de la capitale se trouve liée au moyen de quelques échelons intermédiaires , avec les *porte - balles* et les moindres marchands des campagnes. Or cette opinion une fois devenue commune à toute la classe des *commerçans*, ne trouverait assurément pas d'opposans parmi les *agriculteurs*, puisque c'est pour eux que l'avantage serait le plus direct et le plus évident.

Quelles sont les forces morales ou physiques qui pourraient en *France* s'opposer à l'adoption d'une mesure qui aurait pour elle l'approbation des *vingt millions d'hommes* dont se compose la *classe industrielle* ?

CHAPITRE DEUXIÈME

*Importance politique que cette loi don-
nerait à l'industrie.*

LA loi la plus importante de toutes
est sans contredit, celle qui règle le
budget ; car l'argent est au corps politique, ce que le sang est au corps
humain. Toute partie du corps où
le sang cesse de *circuler* languit et ne
tarde pas à mourir; de même toute
fonction administrative qui cesse
d'être payée , cesse promptement
d'exister. Ainsi la *loi* des *finances* est
la *loi générale*, elle est celle dont toutes les autres dérivent ou doivent
dériver. S'il en est autrement, c'est

que les comptes rendus ne sont pas exacts, ou que la stipulation des dépenses n'est pas assez détaillée.

Qui fait la loi des *finances* en *France* comme en *Angleterre?* Est-ce le *parlement ?*

Non; un seul des trois pouvoirs est chargé de cette fonction capitale, exclusivement aux deux autres; c'est la *chambre* des *communes.*

Il s'en suit que la chambre des communes possède réellement à elle seule tout le pouvoir politique. Si jusqu'à ce jour elle n'a point fait usage de cet immense pouvoir ni en *France* ni en *Angleterre*, c'est que jusqu'à ce jour, tant en *Angleterre* qu'en *France*, elle s'est trouvée composée, au moins pour la très-majeure partie, de personnes vouées aux intérêts du *gouvernement* ; que ces personnes ont par cette raison suivi la direction qu'elles ont reçue du *gouvernement*, et qu'elles ont voté le *budget* selon ses désirs; de là il est résulté que le pouvoir de la chambre des communes passe dans l'opinion pour très-inférieur à celui du *gouvernement*, tandis qu'il est au contraire très-supérieur aux deux autres pouvoirs parlementaires.

D'après ce que nous venons de dire et qu'on ne peut révoquer en doute, il est évident que si la mesure que nous proposons, procure à l'*industrie* le moyen de composer en *totalité* la *chambre* des *communes* de membres pris dans son sein, cette mesure accroîtra immensément l'*importance politique* de l'industrie des communes et la nantira du pouvoir politique suprême, sauf à elle ensuite à en faire l'usage le plus convenable : ce qu'il y a de certain, c'est qu'elle n'abandonnera plus ce pouvoir à la discrétion de la *cour*, ainsi que doivent le faire les *députés* d'aujourd'hui qui sont pour la plupart *comtes*, *marquis* ou *fonctionnaires publics*.

Il ne s'agit donc plus que d'examiner si la mesure est bonne et doit atteindre le but que nous indiquons. Or il est clair qu'elle l'atteindra, si elle doit donner à l'*industrie*, comme il est évident, une grande majorité dans les élections.

Quelle est la condition nécessaire pour avoir droit à élire les *députés* ?

C'est de payer une certaine quantité d'impôts directs. D'après cela si c'était les *industriels* qui payassent la totalité, ou au moins la très-majeure partie de l'impôt direct, ils se trou_veraient nécessairement en très-grande majorité dans les élections.

Or dans l'*industrie commerciale* et *manufacturière*, ce sont les *travailleurs* qui payent l'impôt prélevé sur cette partie des produits nationaux. La mesure que nous proposons consisterait à assimiler les *industriels agricoles* aux *industriels commerçiaux* ; à faire par conséquent que les entreprises qu'ils dirigent le fussent sous leurs noms et que par conséquent aussi tous les impôts directs mis sur l'*agriculture* se trouvent payés par eux , au lieu de l'être comme aujourd'hui, par les propriétaires.

Le résultat de cette mesure serait donc que l'*industrie* payerait la très-grande majorité de l'*impôt* direct, car ce qui n'est pas *impôt territorial,* ou *impôt sur l'industrie commerciale* et *manufacturière*, ne forme qu'une trèspetite partie de l'*impôt direct.*

Or, l'*industrie* se trouvant par là, en majorité, dans les élections, ne tarderait pas à se donner la majorité dans la *chambre* des *communes*, et cette chambre possédant le grand pouvoir politique, ainsi que nous venons de l'établir, l'*industrie* se verrait bientôt maîtresse de donner à la *nation* l'organisation sociale qu'elle voudrait. Cette organisation serait nécessairement la plus favorable possible à l'*industrie*, en d'autres mots, au *régime industriel.* Ainsi par suite de la mesure que nous proposons, le *régime industriel* se trouverait naturellement établi, et les *fainéans* seraient enfin rangés au-dessous des *travailleurs.*

Nous aurions alors complètement atteint le but de tous nos vœux, le terme de tous nos efforts et notre épigraphe : *tout par l'industrie, tout pour elle*, aurait été, à la fois, la prédiction et le signal de cette heureuse révolution.

CHAPITRE TROISIÈME.

Moyens d'exécution.

§ I_er.

Considérations générales.

LA charte ayant été conçue, pro-
duite, adoptée et mise en activité,
avant que l'idée que nous avons trouvée se soit présentée à l'esprit des
Français, nous pensons que trois
mesures législatives, bien distinctes,
et que nous allons examiner séparé-
ment, doivent être adoptées pour
établir provisoirement et aussi immé-
diatement que possible, l'ordre de
choses le plus favorable à la production, sauf aux pouvoirs parlementaires à se concerter ensuite pour

trouver les moyens de modifier la charte, et de lui donner, pour base, la loi qui constituera la propriété dans l'intérêt des producteurs.

Nous observerons, à l'appui de cette dernière proposition :

1.º Que le roi a déclaré la charte modifiable, quand il a proposé, à sa rentrée, d'y faire des changemens; car sa déclaration, à cet égard, est résultée évidemment du fait de sa proposition.

2.º Qu'en Angleterre, où le régime parlementaire est anciennement établi, et par conséquent où il a été plus observé qu'en France, il est reconnu que le pouvoir du parlement, quand les trois branches qui le composent sont d'accord, est sans aucune limite; qu'il est tout aussi bien constitutionnel que législatif.

3.º Que le bon sens se révolterait de l'idée, que le moyen d'améliorer la constitution des Français étant trouvé, la charte aurait disposé les choses d'une manière telle qu'il y aurait impossibilité de faire usage de la découverte.

Au surplus, les mesures que nous allons présenter ne sont que législatives : notre proposition positive se borne à cela; et nous nous contentons, pour le surplus, de penser qu'il viendra une époque où les trois projets de loi que nous allons exposer, deviendront trois dispositions particulières de la grande loi constitutionnelle, qui établira la propriété pour l'intérêt général de la société, et non plus seulement pour l'avantage d'une des classes qui la composent, ce qui est encore aujourd'hui l'état des choses politiques.

§ I I.

Premier projet de loi.

FAIRE une loi qui charge ceux qui cultivent les terres, de payer la part d'impôt foncier à laquelle elles sont taxées, en motivant cette loi sur le principe, que celui qui, par son travail, rend la propriété productive, étant celui qui remplit les devoirs imposés par l'intérêt public au pro-priétaire, il est celui qui doit jouir des droits politiques qui résultent de la possession de la propriété, et qui sont accordés à ceux qui supportent les charges imposées directement sur ces produits.

Il est facile de prouver, à tout homme impartial, que cette seule loi rétablirait l'ordre dans les finances;

peu de mots suffiront pour établir clairement cette démonstration.

Tout le monde sent qu'on pourrait réduire infiniment les dépenses de l'état, sans nuire au service public, et que l'ordre serait facile à rétablir dans les finances, si les économies praticables étaient effectuées.

Or, nous demandons;

1.º *Pourquoi les économies, qui pourraient être faites, n'ont pas encore été obtenues ?*

La raison est que la très-grande majorité de la chambre des députés, est plus intéressée au maintien et même à l'accroissement de l'impôt, qu'à sa diminution, parce que la portion du revenu de la très-grande majorité des députés provenant des appointemens et des gratifications qu'ils touchent, est plus considérable

que celle qu'ils tirent de leurs propriétés.

Nous avons fait , avec le plus
d'exactitude qu'il nous a été possible,
l'aperçu comparatif des revenus que
les députés de la présente session
tirent de leurs propriétés et des sommes que leur produisent annuellement les appointemens des places
qu'ils occupent , et ces dernières
sommes nous ont paru être à peu
près doubles des premières, en ajou-
tant à cet aperçu, celui relatif à la
fortune des enfans de ces députés ,
il se trouve que la somme touchée
par les députés et par leur famille ,
sur le trésor royal , est à peu près
triple de celles qu'ils tirent de leurs
propriétés. Donc leur intérêt à empêcher que la recette du trésor royal
diminue, est infiniment plus grand

que celui qui les porte à réduire l'impôt ; puisqu'en diminuant l'impôt, ils tarissent la principale branche de leurs revenus.

Nous demandons ensuite comment on pourrait composer la chambre des députés, de manière que, d'une part, elle fût intéressée au maintien de l'ordre, et que d'une autre, elle se trouvât poussée par l'intérêt particulier de ses membres à réduire l'impôt le plus qu'il serait possible ?

Et à cette seconde demande, nous répondons que la loi que nous proposons nous paraît propre à atteindre ce but de la manière la plus prompte et la plus complète qu'on puisse désirer.

Car les industriels sont la classe de la société qui est la plus intéressée au maintien de l'ordre. Le désordre vient-il du dehors? la guerre a-t-elle lieu? les fermiers du pays, qui en devient le théâtre, sont entièrement ruinés; leurs granges sont pillées, leurs bestiaux sont mangés; tandis que les propriétaires en sont quittes pour la perte de quelques années de revenu. Dans les villes, les magasins des marchands sont vidés, et la fortune qu'ils possèdent leur est enlevée en totalité; tandis que les propriétaires de maisons en sont quittes pour la perte de quelques loyers, à moins du cas d'incendie; et dans ce malheur extrême, il leur reste au moins le terrain sur lequel leurs maisons étaient construites. Les insurrections populaires, les désordres intérieurs, produisent les mêmes effets.

En second lieu, les industriels forment la seule classe de la société qui soit intéressée, sous tous les rapports, à réduire l'impôt, et qui ne puisse retirer aucun avantage de son augmentation, puisque leurs occupations ne leur laissant pas le temps de remplir les emplois publics lucratifs, jamais la dépense du trésor public ne peut tourner directement à leur profit.

Nous nous croyons donc suffisamment autorisés à conclure que l'adoption du projet de loi, que nous avons présenté en tête de ce paragraphe, aurait pour effet certain de rétablir promptement l'ordre dans nos finances.

§ III.

Second projet de loi.

Ce second projet de loi a pour objet de régler les conditions auxquelles les propriétaires de terre pourront confier à des mains étrangères, la culture de leurs propriétés.

Il existe en ce moment, en Angleterre, un grand nombre d'accords volontaires, entre les propriétaires de terre et des entrepreneurs de culture, dont la condition principale est celle que nous allons exposer.

La terre, qui est l'objet de l'accord en question, est contradictoirement estimée par les parties, à l'époque de la mise en possession du cultivateur; elle est également estimée à l'époque de l'expiration de la société, et le cultivateur partage, avec le propriétaire, les bénéfices dans le cas d'amélioration du capital, et supporte la motié des pertes dans le cas de sa détérioration.

Les conventions de cette espèce

sont évidemment avantageuses, d'une part, aux propriétaires, puisqu'elles tendent à augmenter la valeur de leurs propriétés; et de l'autre, à la nation, puisqu'elles donnent pour résultat un accroissement de produits nationaux, et par conséquent une addition de richesses nationales.

La première disposition de la loi que nous proposons, aurait pour objet de stipuler que tous les baux qui seraient passés à l'avenir entre les propriétaires de terre et les fermiers, ne seraient obligatoires, pour les parties, que dans le cas où ils contiendraient la convention exposée ci-dessus.

Une seconde disposition de cette loi autoriserait le cultivateur à requérir le propriétaire d'emprunter les sommes qui seraient utiles pour faire les améliorations dont la propriété serait susceptible en hypothéquant, à cet effet, cette propriété, et à lui confier l'administration des capitaux résultans de ces emprunts.

Par une troisième disposition cette loi stipulerait que, dans le cas où le propriétaire refuserait son consentement aux emprunts demandés par l'industriel agricole qu'il se serait associé, des arbitres seraient chargés de régler le différend et de décider si l'emprunt est utile ; cas dans lequel le propriétaire serait obligé d'y consentir.

Et nous nous croyons autorisé à conclure que cette loi aurait, pour résultat, un prompt accroissement de la fortune des propriétaires de terres, et par conséquent une augmentation du capital territorial de la nation.

(49)

§ IV.

Troisième projet de loi.

Cette troisième loi aurait pour objet de mobiliser les propriétés territoriales.

Il aurait été impossible à la France de se procurer les ressources énormes qui lui ont été nécessaires dans les circonstances présentes, pour garantir son territoire de l'occupation entière des troupes étrangères, si sa dette publique n'avait pas été mobilisée.

La mobilisation des propriétés territoriales est le seul moyen à la disposition de la nation, de procurer à l'industrie les capitaux dont elle a besoin pour se couvrir des pertes incalculables qu'elle a essuyées, et pour

4

se trouver en état de supporter les charges qui lui sont encore imposées.

L'expérience a prouvé que la mobilisation des propriétés territoriales était une mesure très - praticable ; car elle s'est effectuée, sans obstacle et sans inconvénient, dans une partie des états du roi de Prusse.

Cette mesure n'a pas procuré au pays dans lequel elle a été adoptée tous les avantages qui auraient pu en résulter, parce qu'elle n'a point été calculée dans l'intérêt de l'agriculture et des agriculteurs ; mais en combinant (ainsi que nous l'avons conçu) la loi qui l'établira , avec les deux autres lois dont nous avons présenté les projets avant de proposer cette dernière , elle donnera certainement des résultats très-utiles. Tout homme habitué à réfléchir sur les affaires de cette espèce sentira facilement que cette mesure ainsi combinée, doit procurer un grand et prompt accroissement des produits territoriaux (qui sont les plus importans de tous), une grande et prompte amélioration dans le sort des cultivateurs, qui forment la classe la plus nombreuse de la nation.

§ V.

Conclusion de ce Chapitre.

Si le parlement rend, dans la présente session, les trois lois que nous proposons ;

Si le Roi casse le Parlement actuel après qu'il aura rendu ces lois ;

Si le Roi convoque trois mois après un nouveau Parlement :

La France sera préservée du déluge de maux dont elle est menacée ;

Les esprits sortiront promptement de l'espèce d'apathie dans laquelle les a plongés la perspective malheureuse qui se présente à eux et à laquelle ils ne voient point de remède ;

Les Français deviendront ardens dans la direction industrielle, et l'industrie française, c'est à dire la nation française prospérera avec une rapidité qui étonnera l'univers, qui l'étonnera elle-même ; car les trois lois que nous proposons lui procureront tous les moyens de prospérité qu'elle peut désirer.

La première de ces lois l'investira des pouvoirs politiques nécessaires pour établir l'économie désirable dans l'administration des affaires publiques, et pour supprimer toutes les dépenses qui ne sont utiles, ni pour le maintien de l'ordre, ni pour la prospérité de la nation.

La seconde et la troisième procureront à la France tous les capitaux nécessaires pour mettre en activité les forces physiques et morales des citoyens; et elles placeront ces capitaux dans les mains des industriels, seuls capables de les faire fructifier.

CHAPITRE QUATRIÈME

Accroissement des *produits agricoles*, qui résulterait de la *mesure proposée.*

§ I.

Importance de l'industrie agricole, comparativement à toutes les autres branches de l'industrie.

L'INDUSTRIE agricole est, à elle seule, infiniment plus importante que toutes les autres branches de l'industrie prises ensemble. Si on établissait d'une manière générale (c'est-à-dire, en envisageant, à-la-fois, tous les travaux de l'espèce humaine), les rapports qui existent entre les produits de l'*agriculture* et les produits de toutes les fabrications, et de tous les genres de commerce, on trouverait certainement que les premiers sont au moins cent fois plus considérables.

En *Angleterre*, où l'activité du commerce et de la fabrication a été poussée plus loin que dans aucun autre pays, l'*agriculture* est encore trois ou quatre fois plus riche que tout le surplus de l'*industrie*.

En *France*, tous les produits du commerce et de la fabrication réunis, ne s'élèvent pas à plus du *septième* ou même du *huitième* des produits *agricoles*.

Ainsi, tout progrès de l'*agriculture*, en *France*, procurerait à la *nation*, un accroissement de produits, et par conséquent de richesses sept à huit fois plus considérables qu'un progrès semblable dans les autres branches de l'*industrie*.

C'est donc sur l'*agriculture*, par-dessus tout, que doit se fixer l'attention publique, et par conséquent les calculs et les méditations du *publiciste* (1).

§. II.

Etat de l'agriculture en France.

QUOIQUE l'*agriculture* ait fait, en *France*, de grands progrès depuis la *révolution*, elle est encore dans l'enfance, en comparaison de l'état où elle se trouve en *Angleterre* et dans la *Belgique*, ce qui a été constaté par

(1) Si on avait dépensé pour l'*agriculture* les sommes qui ont été sacrifiées pour établir les *colonies* et pour les conserver, la *France* serait aujourd'hui quatre fois

l'ouvrage d'*Arthur Young* : ce célèbre cultivateur a prouvé, d'une manière très-exacte et très-détaillée :

1.º Que les *produits agricoles* de la *France* seraient doublés, si elle était aussi bien cultivée que l'*Angleterre*.

2.º Que *l'agriculture* ferait, en *France*, les plus rapides progrès, si les cultivateurs pouvaient se procurer les capitaux dont ils ont besoin.

§. III.

Effet qui résulterait pour l'agriculture de la mesure que nous proposons.

———

Nous venons d'établir, 1.º que *l'agriculture* donnait, à elle seule, en-

———

plus riche. L'ancien *gouvernement* s'est conduit à cet égard d'une manière absurde, et le nouveau *gouvernement* qui n'est autre chose que l'ancien légèrement amélioré s'est jeté encore l'année dernière dans les viron les *sept huitièmes* des produits nationaux ; 2.º que les produits *agricoles* doubleraient en peu d'années, si les *agriculteurs* pouvaient se procurer les capitaux qui leur sont nécessaires.

La mesure que nous proposons mettrait à la disposition des *cultivateurs français*, une somme de *trente milliards* ; elle ferait un capital tout entier productif du sol de la *France*, qui est aujourd'hui un capital presque mort ; d'où il suit que par la force de cette mesure, la richesse *territoriale* de la *France* serait doublée en peu d'années.

---

dépenses considérables pour réoccuper *Pondichéri*, sans songer qu'il n'aurait aucun moyen de le défendre si les *Anglais* voulaient s'en emparer ; ce qu'ils ne manqueront pas de faire à la première occasion.

Et qu'on ne nous dise pas que les *cultivateurs* ne trouveraient pas à emprunter ; ils jouiraient, à cet égard, des mêmes avantages que les *manufacturiers* et les *négocians*, puisque la loi les aurait assimilés à ces derniers, pour les droits dont ils jouissent à l'égard de leurs *bailleurs de fonds*, et qu'elle aurait rendu facile et peu dispendieux le transport des propriétés territoriales.

§ IV.

Banques territoriales.

L'UTILITÉ dont seraient les *banques territoriales*, est généralement sentie en *Europe*, mais plus particulièrement dans certains pays, et notamment en *France*, où l'on a tenté de former des établissemens de ce genre.

Pourquoi ces établissemens n'ont-ils pas réussi? C'est uniquement par la raison que les formalités pour les transports volontaires des propriétés territoriales, ainsi que l'expropriation des propriétaires territoriaux qui ne remplissent pas leurs engagemens, sont trop longues et trop coûteuses. Mais une fois que ces mauvaises dispositions législatives, relativement à l'établissement de la *propriété territoriale*, seraient réformées, (ce qui est l'objet de la mesure que nous avons proposée) l'établissement des *banques territoriales*, deviendrait facile et d'un succès infaillible.

Ainsi, nous le répétons, cette mesure procurerait, aux cultivateurs, tous les capitaux dont ils peuvent avoir besoin.

§ V.

Banques particulières.

———

LES mêmes raisons qui rendraient possible l'établissement des *banques territoriales*, détermineraient les *banquiers particuliers* à rechercher la correspondance des *cultivateurs* avec autant d'empressement que celle des *négocians* et des *fabricans*.

Qu'on réfléchisse un moment à l'accroissement énorme d'occupations que cette mesure procurerait à la *banque :* une somme de plus de *trente milliards* versée à la fois dans les affaires ! dans les affaires qui passent presque toutes par les mains des *banquiers* et qui par leur nature

ressemblent à ces matières onctueu-
ses que la main ne touche jamais
sans en conserver quelques traces.

Cette mesure, si avantageuse aux
agriculteurs le serait donc également
aux *banquiers* : nous désirons bien
vivement que ces derniers fixent à la
fois leur attention et sur les bénéfices qu'elle leur procurerait et sur la
grande utilité publique qu'elle doit
produire, car ils ont en main toute la
force et tous les moyens nécessaires
pour la faire adopter.

Et en effet le *gouvernement* actuel
ne pourrait subsister s'il ne trouvait
pas à emprunter, et si les *banquiers* ne
s'employaient à lui procurer les fonds
dont il a besoin ; donc les *banquiers*
pourraient forcer le *gouvernement* à
l'adoption de la mesure proposée ou
de toute autre qu'ils auraient jugée

nécessaire et à laquelle le *gouvernement* ne se prêterait pas de bonne grâce.

La science de la *banque* ou des *finances* (car ce n'en est qu'une) est encore dans l'enfance. Les *banquiers* ne se sont même pas encore aperçu qu'il y a plus à gagner pour eux avec les *peuples* qu'avec les *rois*; ils ne se sont pas encore aperçu qu'il leur serait plus avantageux de prêter leur appui aux *peuples* pour forcer les *rois* à rester dans l'*interét national*, que de soutenir les intérêts des *rois* qui sont, hélas! bien plus souvent qu'on ne le remarque, contraires aux *intérêts nationaux*.

Pitt a été le véritable fondateur de cette science: son discours pour établir la *taxe* sur les *revenus*, en a été le point de départ. Toutefois la question que *Pitt* a traitée, la seule grande question de *finances* qu'on ait encore discutée, n'est elle-même dans le fait qu'une question particulière dans l'économie politique, puisqu'elle n'a pour objet que de prolonger, au moyen d'un système d'anticipations perfectionnées, l'existence des *gouvernemens* actuels, tels qu'ils subsistent.

La question générale serait (si on la considère dans *l'intérêt national*) de chercher les moyens d'établir le gouvernement le moins coûteux et le plus favorable à la production, et (si on la considère dans *l'intérêt particulier des banquiers*) elle aurait pour objet de donner aux affaires le plus d'importance, d'activité, et de solidité possible, puisque les *banquiers* gagnent dans la proportion de l'impor-

tance des affaires qui se font et que
toutes leur passent par les mains.

5

CHAPITRE CINQUIÈME.

Effets de la mesure proposée sur *l'administration et les frais de la justice.*

§ 1.er

*Ce que coûte aujourd'hui l'*administration *de la* justice.

LE payement de plus de *huit mille* JUGES qu'il y a en *France* (1) n'est qu'une extrêmement petite partie des sommes dépensées par le public pour

______

(1) Les personnes qui voudront prendre la peine de faire, dans l'*almanach royal* le relevé des *juges* attachés aux différens tribunaux, acquerront la preuve que nous n'exagérons point en disant qu'il y a plus de *huit mille juges* en France.

faire juger les discussions d'intérêts qui s'élèvent entre les citoyens.

Si on ajoute aux appointemens des *juges* et aux *frais* du *ministère* de la *justice*, l'argent qui est gagné tous les ans par les *avocats*, par les *procureurs* par les *greffiers*, par les *huissiers*, par les *secrétaires* des *avocats*, par les *copistes* de procédures, enfin par cette foule d'*agens* dont le métier est de suivre les affaires auprès des tribunaux, etc. etc., on verra que les sommes dépensées annuellement par les *Français* pour faire juger leurs procès, montent à plusieurs *centaines* de *millions*.

Ce n'est pas tout. La mauvaise administration de la justice, cause encore des pertes d'un autre genre qui ne sont pas moins importantes.

Les *trois* ou *quatre cents mille légistes*,

apprentis légistes, ou *servans* de *légistes* qu'il y a en *France*, sont autant d'hommes qui ne produisent rien et sont par conséquent à charge à l'*industrie* qui les nourrit, les loge, les vêtit gratuitement; et ce n'est pas seulement de l'action physiquement et moralement utile qui pourrait être exercée par ces *quatre cents mille individus* que la *nation* se trouve privée, elle a encore à regretter le mauvais emploi, l'emploi improductif de tous les capitaux qui leur appartiennent. Or ces capitaux sont un objet extrêmement important; ils montent en *France* à plusieurs *milliards*.

§ II.

Comparaison des tribunaux civils *et des* tribunaux *de* commerce.

Les *tribunaux civils* et les *tribunaux* de *commerce* diffèrent essentiellement entr'eux , et dans leur *composition* , et dans leur *manière* de *procéder* à l'examen des affaires , comme aussi à l'égard de l'esprit dont les juges, qui les composent , sont animés.

Les *tribunaux* de *commerce* considérant presque toutes les affaires , *principalement* quant au *fond*, et *accessairement* quant à la forme , ils ont toujours pour objet de concilier les parties et de terminer les différends, de la manière la plus prompte et la moins coûteuse. Lá dépense causée par ces *tribunaux*, soit à la charge du trésor public, soit à la charge des parties, est fort modique ; les juges ne sont point payés ; ils exercent tous une autre profession que celle de juger ; ils sont tous en activité de commerce ou retirés du commerce.

Les juges des *tribunaux civils* sont tous payés, plus ou moins chèrement. Le *chancelier*, qui est leur chef, a un traitement énorme. Ces juges envisagent presque toujours les discussions qui leur sont soumises, *principalement*, sous le rapport des formes, *accessoirement*, sous le rapport du fond. Ils laissent les *avocats* se livrer, tant qu'ils veulent, à leur loquacité et discuter, aussi longuement qu'il leur plaît, toutes les questions accessoires, même les plus minutieuses. On dirait qu'ils s'entendent tous, *juges*, *avocats*, *procureurs*, pour rendre les procès éternels et ruineux; mais, en effet, ne sont-ils pas tous animés du même *esprit* de *corps*, depuis le dernier *clerc*, jusqu'au *chancelier*?

Les *juges* des *tribunaux civils* ne font et n'ont fait, dans leur vie, d'autre métier que celui de *juger* ou *plaider* : leur plus grand intérêt est dans le plus grand nombre de procès; ils n'ont que ce moyen d'accroître ou de conserver leur importance sociale. Cet esprit et cette disposition sont absolument contraires à l'esprit et à la disposition des *juges* qui composent les *tribunaux* de *commerce*; tous ayant, ou ayant eu d'autres occupations; tous possédant, ou ayant possédé d'autres moyens d'acquérir de la considération et des richesses.

Une chose importante à observer, c'est qu'il existe une espèce de lutte entre ces deux ordres de *tribunaux*, et que le plus souvent, dans cette lutte, ce sont les *tribunaux civils* qui, malheureusement, ont le dessus.

Les *tribunaux* de *commerce* renvoyent au jugement d'*arbitres*, nommés par les parties, la décision d'une grande quantité d'affaires. Qu'arrive-t-il ? Toutes les fois qu'après un *jugement arbitral* prononcé, la partie condamnée veut faire casser ce jugement, quelque juste qu'il soit, elle trouve une multitude d'*avocats* prêts à plaider d'une manière conforme à ses désirs, et des *tribunaux civils* tout disposés à casser un *arbitrage* où ils voient un empiètement sur leurs droits. En un mot, presque tous les *jugemens* par *arbitres* dont on appèle aux *tribunaux civils*, sont annulés, et une affaire sur le fond de laquelle le *sens commun* avait porté son jugement, est remise en discussion et presque toujours jugée définitivement dans le sens contraire (1).

Une fois que les *propriétés territoriales* seraient devenues des *propriétés industrielles*, toutes les affaires d'intérêt civil ressortiraient naturellement des *tribunaux* de *commerce*, d'où

---

(1) Les mêmes observations sont applicables aux tribunaux criminels.

Les *tribunaux criminels* peuvent être organisés à l'instar des *tribunaux civils* ou dans le même esprit que les *tribunaux de commerce* : dans le premier cas ils sont très-longs à juger les affaires, fort minutieux dans le choix des motifs qui déterminent leurs jugemens et très-sévères dans leur manière de juger ; dans le second, ils jugent rondement, promptement, et ne se laissent guider que par le sens commun : dans le premier cas, ils sont très-dispendieux ; dans le second, ils ne coûtent rien.

Les *tribunaux criminels*, en France, étaient organisés avant la révolution, à la manière des tribunaux

il résulterait , comme il est facile de le conclure , que toutes les affaires , au lieu de coûter des sommes énormes pour être très-mal jugées , seraient très-bien jugées et à très-peu de frais.

---

civils , aujourd'hui ils sont composés comme les tribunaux de *commerce*. Les jurés sont des *arbitres* , chargés de prononcer entre la partie publique et le prévenu.

NOTA. Une chose digne de remarque, c'est l'aversion que tous les gens de loi montrent pour l'institution du juri, les efforts qu'ils ont déjà faits pour la renverser , et ceux qu'ils font dans toutes les affaires criminelles pour *amener les jurés à considérer les objets de la manière fausse dont ils sont habitués à les envisager.*

CHAPITRE SIXIÈME

A l'appui des précédens.

---

§ I.

Importance politique des Légistes en France.

Le *gouvernement* des *affaires* de la *nation française* est divisé en *sept ministères* ou *departemens*. Or, de ces sept ministères, il y en a dans ce moment *cinq* de remplis par les *légistes*.

Dans le *Conseil-d'état*, les *légistes* se trouvent en grande majorité.

Dans la *chambre* des *députés*, l'opinion des *légistes* est bien certainement l'opinion prépondérante.

Dans les *élections*, les *légistes* ont un ascendant tel, que si leur opinion n'était pas influencée par le *gouvernement,* dont ils se regardent comme des servans et des agens, les nominations seraient en totalité de leur choix. Nous ferons cependant observer que depuis la loi des élections, on doit excepter de ce que nous venons de dire, les villes de *commerce;* mais cette exception n'est pas très-importante, puisqu'il n'y a guères plus d'un *huitième* de la population qui se livre à des travaux d'*industrie commerciale* et *manufacturière.*

Les *légistes* qui sont consultés par les habitans de la campagne pour toutes leurs affaires particulières, usent du crédit que cela leur donne sur eux pour diriger leur opinion politique. Les *marchands* et les *fabricans* qui habitent la campagne et qui sont en très-petit nombre (presque tout le *commerce* se faisant dans les villes où la plupart des manufactures sont également établies), sont les seuls dont l'esprit se trouve dans un état d'indépendance politique à l'égard des *légistes*.

Si on examine dans toutes les sociétés particulières dont la réunion forme ce qu'on appelle la *bonne compagnie*, les jugemens qui sont portés sur chacune des *questions politiques* qui fixent successivement l'attention publique, si on remonte jusqu'à l'origine de ces jugemens, jusqu'à leur formation primitive, on verra qu'ils sont presque tous sortis du cabinet de quelque *avocat* ou de quelque *notaire*.

Il est possible de mesurer d'une

manière exacte l'*importance politique* des *légistes* comparativement à celle des autres corporations ; elle est des sept *huitièmes* , c'est à dire que les *légistes* exercent à eux seuls les *sept huitièmes* de toute l'influence politique, et voici ce qui le prouve.

Sur la masse des propriétés possédées par la *nation française* , que nous supposons s'élever à *quarante milliards*, pour pouvoir exprimer en nombre rond la proportion que nous avons à établir, il y a *trente cinq milliards* de *propriétés immobiliaires* et *cinq milliards* seulement de celles reputées *mobiliaires* (1). Or les *légistes* sont les seuls en

---

(1) L'expression *propriété mobiliaire* et *immobiliaire* pourait induire en erreur ceux qui ne se sont point occupés de ces matières. Il serait naturel de croire que tous les *objets* qui ne peuvent pas se transporter sont des propriétés immobiliaires et que tous ceux qui peu-

état de donner des conseils utiles sur les moyens d'acquérir solidement des *propriétés immobiliaires*, les seuls qui puissent indiquer les moyens de les défendre quand elles sont attaquées, vu l'épouvantable *complication* des dispositions législatives relativement à l'établissement des *droits* de *propriété*, ce qui exige qu'on en fasse une étude particulière.

Du moment donc où il est manifeste que les *légistes* dirigent à eux seuls les *sept huitièmes* des actions sociales, il s'ensuit incontestablement, qu'armés ainsi du puissant levier de l'intérêt, ils sont en *France* les régula-

---

vent se tranporter sont des propriétés mobiliaires. Or cela n'est pas toujours vrai. Souvent l'expression n'a pas pour but de désigner la nature des *objets*, mais la manière dont on peut transporter la *propriété* de ces *objets*.

teurs de l'*opinion publique* pour tous les objets qui concernent la *politique*.

L'*influence* qu'ils exercent sous ce rapport est une véritable *calamité publique*, puisqu'indépendamment de tous les inconvéniens que nous avons déja prouvés en être le résultat, il en résulte encore un bien plus grand et plus général, c'est que les *légistes* tendent toujours à empêcher l'activité des *industriels agricoles* de se développer, en s'efforçant de rendre la condition du *bailleur* de *fonds* meilleure que celle du *travailleur*.

---

(1) **NOTA** : en Allemagne et en Angleterre les légistes n'ont peut-être pas autant d'importance qu'en France, mais la science qu'ils professent en a beaucoup plus, puisque l'étude du droit fait partie de l'instruction donnée à toutes les personnes dont l'éducation est soignée.

§. II.

Services rendus par les légistes.

———————

QUOIQU'IL en soit de ce que nous venons de dire sur les *légistes* et des dangers que nous voyons à les laisser jouir de l'influence qu'ils exercent , doit aussi les considérer sous un autre point de vue et envisager la question sous toutes ses faces ; disons donc notre pensée toute entière et retournons franchement la médaille.

Si nous avons improuvé l'institution des *tribunaux civils*, si nous avons trouvé l'esprit des *légistes* peu libéral, c'est que nous avons comparé les *tribunaux civils* avec les *tribunaux* de *commerce* et l'esprit politique des *légistes* avec celui des *industriels* : mais

6

si nous comparons les *tribunaux civils*
et l'esprit actuel des *légistes* à la *justice*
telle qu'elle fut administrée par les
Francs vainqueurs, après leur établissement complet dans les *Gaules* , et
à la *morale* de ces *juges primitifs* , ensuite et successivement avec les *cours
féodales* , *royales* , et *seigneuriales* , qui
se sont établies , avec les *parlemens*
enfin nous trouverons, les *tribunaux
civils* qui existent aujourd'hui, des institutions très - libérales et les *légistes*
actuels dirigés par les principes d'une
très bonne morale ; nous trouverons
que c'est au *corps* des *légistes* que nous
sommes principalement redevables
de la destruction du *despoiisme militaire*; ce sont les *légistes* qui ont soustrait les contestations qui s'élèvent
entre les citoyens à des jugemens arbitraires ; ce sont eux qui ont établi

l'entière liberté des plaidoiries, et certes ils ont mérité par ces travaux une place honorable dans l'histoire des progrès de l'esprit humain.

En résumé, nous pensons que l'institution de *l'ordre judiciaire* a été fort utile, mais qu'aujourd'hui elle est nuisible, qu'elle retarde les progrès de la *civilisation*, et que cette institution peut et doit être remplacée dans toutes ses parties par des *tribunaux industriels* qui ne sont autre chose que des *arbitrages*, seule jurisprudence nécessaire quand il n'existera plus d'autres *propriétés* que des *propriétés industrielles* ; ce qui serait la conséquence naturelle de la mesure que nous proposons.

Enfin, nous pensons qu'il reste encore aux *légistes* un grand service à rendre à la *société*, c'est de mettre en évidence les inconvéniens de cette même mesure, s'ils trouvent qu'il en peut résulter quelques-uns; cette controverse ne saurait manquer d'exciter les *publicistes* à perfectionner l'idée dont nous présentons le premier aperçu.

Si la mesure dont il s'agit est réellement bonne, et qu'elle donne les moyens de supprimer presque tous les frais de justice; si par conséquent elle est très-nuisible aux *légistes* (*en tant que légistes*) puisqu'elle anéantirait la profession qui les fait vivre et qui leur procure une grande considération; une discussion s'élèvera naturellement entr'eux et nous, c'est à dire, entre les *légistes* et les *industriels*, d'une part sur l'utilité, de l'autre sur les inconvéniens de cette mesure, dans l'intérêt national.

Cette discussion sera utile sous deux rapports : le premier, qu'elle mettra en évidence la supériorité des principes de l'*économie politique*, sur ceux du *droit civil*; car il ne suffit pas qu'une vérité soit prouvée, il faut encore qu'elle soit discutée, ce qui ne saurait avoir lieu utilement que lorsqu'il y a, comme ici, des intérêts majeurs en opposition : le second, qu'elle fera connaître toutes les précautions à prendre pour éviter, le plus possible, les divers inconvéniens qui existent presque toujours pendant que s'opèrent les changemens les plus avantageux dans les lois et dans les usages.

Le *peuple anglais* travaille depuis plus de *cent cinquante ans* à se procurer la *liberté* et à l'établir d'une manière solide; tout le surplus de la nation des *vieux européens*, tous ceux qui habitent le *continent*, s'occupent depuis *trente ans* de la même recher-che, et le moyen naturel, celui de *reconstituer* la *propriété*, ne s'est pré-senté à aucun d'eux.

Les intérêts des *industriels* sont évi-demment en opposition avec ceux des *militaires* et des *légistes* leurs agens; et les *industriels*, au lieu de charger les *publicistes libéraux* de discuter leurs intérêts contre les *légistes*, ont jusqu'à présent constamment chargé ces mê-mes *légistes* du soin de faire valoir leurs droits; tant il est vrai, pour les *nations*, comme pour les individus, que l'idée la plus simple et la meil-leure est malheureusement celle qui se présente la dernière à leur intelli-gence !

CHAPITRE VII.

Coup d'œil sur l'histoire des Tribunaux.

———

Il est dans la nature de l'homme, d'aimer à connaître le *pourquoi* des choses qui fixent son attention : nous croyons donc faire une chose agréable à ceux de nos lecteurs qui ne se sont point occupés de cette recherche, en leur indiquant la cause de la différence essentielle que nous avons établie entre les *tribunaux civils* et les *tribunaux* de *commerce*.

Le caractère que l'homme a reçu de la nature, peut être modifié ; mais il ne saurait être complètement changé, *dénaturé.* Il en est de même des *institutions*; elles peuvent être modifiées; mais il n'est pas possible de leur donner un esprit contraire à celui qu'elles ont reçu de leurs fondateurs; elles agissent, tant qu'elles existent, avec plus ou moins d'énergie, d'après l'impulsion et dans la direction qu'ils leur ont données.

Ainsi, en remontant jusqu'à l'origine d'une institution, en observant l'esprit qui lui a été donné lors de sa fondation, on est sûr de découvrir la *raison* de la conduite qu'elle tient, de la marche qu'elle suit et des effets qu'elle produit.

Nous allons donc remonter à l'*origine* des *tribunaux civils* et à celle des *tribunaux* de *commerce*; nous donnerons aussi un coup-d'œil aux princi-

pales modifications que ces institutions ont subies depuis leur formation.

§ I.er

Origine de ces tribunaux.

————

TOUTES les lois que les *Gaulois*
avaient pu établir, ont été anéanties
par les *Francs*, quand ils ont fait la
conquête des *Gaules*. Ces vainqueurs
ne se sont pas bornés à prendre
toutes les *propriétés* des vaincus, ils
ont renouvelé les *lois constitutives*,
ou protectrices de la *propriété* ; et
comme ils sont restés, jusqu'à ce jour,
en possession de leurs conquêtes , le
pouvoir judiciaire actuel est naturellement celui qu'ils ont établi ou laissé
subsister ; en un mot, celui qui

leur convenait et qui leur convient encore.

Ils avaient établi un *tarif* d'après lequel tous les *délits criminels* étaient rachetables. Ainsi, le meurtre d'un *Franc* par un *Franc*, d'un *vilain* par un *Franc*, d'un *Franc* par un *vilain*, d'un *vilain* par un *vilain*, avait son prix ; les blessures avaient leur prix suivant leur gravité ; et comme une grande partie de ces *amendes* tournait au profit des *cheffetins*, entre lesquels le sol des *Gaules* avait été partagé, pour en jouir à titre de bénéfices militaires, tous avaient soin d'exploiter eux-mêmes ce droit de rendre la justice.

Au reste, à cette époque, il ne pouvait guères exister de *délits civils*, parce qu'il n'existait, pour ainsi dire, qu'une seule espèce de *propriété*, celle des *terres*, à laquelle étaient attachés les *habitans* et tout ce qu'ils pouvaient posséder. Or, ces *propriétés* se trouvant toutes entre les mains de *militaires* toujours armés, donnaient lieu naturellement à des *guerres*, et non à des *procès*. Il est vrai néanmoins que le germe du pouvoir exercé aujourd'hui par les *tribunaux civils*, a été implanté par les *Francs*, lorsqu'ils se sont attribués le droit de juger tous les procès, et par conséquent de déléguer, à qui bon leur semblerait, le soin de remplir pour eux les fonctions de juge.

§ II.

Première modification de cette Institution.

———

Le sol de la *France* avait été partagé, après la conquête, en *bénéfices militaires*, et les *bénéficiers* qui en jouissaient seulement pendant leur vie, rendaient la justice.

Quand la *féodalité* s'établit, ces bénéfices devinrent héréditaires et susceptibles d'être possédés par les femmes ; le droit de rendre la justice y resta toujours attaché.

Plusieurs causes contribuèrent à cette époque et dans les temps qui la suivirent, à rendre l'*administration* de la *justice* beaucoup plus compliquée.

Les *tribunaux ecclésiastiques* s'établirent, et il en résulta des *questions* sur la *compétence*.

Des lois sur les *affranchissemens* accrurent le nombre des *propriétaires* et la quantité des objets considérés comme *propriétés particulières*.

La découverte du *code* de *Justinien*

fit admettre plusieurs principes de *droit*; et l'adoption de ce *droit romain*, qui fut consigné dans les universités, fonda une *science* du *droit*, jusques-là inconnue.

La complication qui résulta de ces différentes causes dans l'*administra-tion* de la *justice*, détermina tous les *seigneurs justiciers* à s'adjoindre , pour conseillers, des *légistes*. Ils prirent aussi, dans cette dernière classe, les *baillifs* qu'ils chargeaient du soin de rendre la justice, pendant leur absence.

Enfin, à cette époque, il commença à exister des *tribunaux* qui étaient tout à la fois *civils* et *criminels*.

§. I I I.

Seconde modification.

LE pouvoir du *Roi* et celui des

grands vassaux avaient été en lutte continuelle depuis l'époque de la conquête et les deux partis avaient eu alternativement l'avantage. *Louis XI* assura la supériorité au *pouvoir royal* par des moyens atroces, mais ce n'est pas ici le lieu d'examiner les *moyens* ; nous n'avons à considérer que leurs résultats.

Depuis *Louis XI* jusqu'à *Louis XIV*, les *tribunaux civils royaux* ont regardé comme le principal objet de leur institution, d'envahir les *justices seigneuriales* et d'accroître le pouvoir de leur maître. Les procès des particuliers étaient leur moindre affaire et les jugemens à rendre, la moins honorable de leurs fonctions.

C'est à la fin de cette époque que le corps des *avocats* s'est établi : ils ont d'abord été appelés *conseillers* ; ils eûrent aussi le titre d'*avocats du Roi*, c'est à dire qu'ils furent chargés à la fois des intérêts du *Roi* et de ceux des particuliers.

Nous ne prétendons pas que les *tribunaux suprêmes* ou *parlementaires* aient toujours donné gain de cause au *Roi*; nous nous plaisons à reconnaître de leur part un grand nombre de jugemens favorables à la *nation*, et même quelques traits d'héroïsme ; mais nous persistons à dire que les *légistes* depuis l'origine se sont crus principalement chargés de conserver entre les mains du *Roi*, les pouvoirs acquis par les *Francs* sur les *Gaulois*.

§ IV.

Troisième modification

Depuis que les *États-généraux* avaient

cessé de s'assembler et que l'accroissement énorme du *pouvoir royal* annonçait qu'il n'en serait plus jamais
question, l'esprit des *tribunaux* s'était
un peu amélioré ; ils avaient acquis
une sorte d'indépendance parcequ'ils
s'étaient mis à se considérer comme
une *commission permanente* chargée de
représenter les *États-généraux*. Mais
d'un autre côté, cette amélioration
était bien compensée par cette espèce
de despotisme qu'ils exerçaient à
l'égard des individus, et qui résultait
naturellement de la permanence de
leurs fonctions.

§. V.

État actuel de l'Institution.

Nous avons déjà dit ce que nous
pensons des *tribunaux civils* actuels.

il ne nous reste à ajouter que ce qui résulte pour les *juges* qui composent actuellement ces *tribunaux*, de l'esprit qu'ils ont reçu de leurs devanciers et qui est évidemment un *esprit* de *domination*, parce que l'*institution* a été formée par les *Francs* et imposée aux *Gaulois* par leurs vainqueurs.

L'*esprit* de *civilisation* est cependant celui qui devrait animer les *tribunaux*; l'ambition de jouer un rôle politique, c'est-à-dire de *dominer*, est celui qui les possède, et il faut que cet *esprit* de *domination* soit bien fort dans le corps des *légistes*, car depuis l'époque où les *états - généraux* ont cessé de s'assembler, jusqu'à la *révolution*, on les a vus, peu délicats sur les moyens, chercher à se donner de l'*importance politique*, en affectant de représenter les *états - généraux*, et

7

à ce titre, entraver autant qu'ils le pouvaient, la marche du *gouvernement*.

Aujourd'hui que les établissemens politiques ne leur permettent d'espérer aucun rôle important et qu'ils ne peuvent plus remuer pour le *peuple* ou plutôt au nom du *peuple*, ils se montrent voués au rétablissement de *l'ancien régime*, ce qui est assez clair pour ceux qui ont fait quelqu'attention à leurs jugemens dans les affaires *d'opinion politique* et ce ne sont pas seulement les juges des *tribunaux civils*, qui sont, en général, animés d'un esprit contraire aux intérêts de la *nation*, mais le corps entier des *légistes*.

§ VI.

Origine des tribunaux de commerce.

———

Les *marchands* et les *artisans* qui ha-

bitaient les villes rachetèrent, leur *liberté* et déterminèrent l'*affranchissement* général des *communes*. par suite
de l'impulsion qu'ils avaient donnée.
Or, à cette époque, les *seigneurs*, qui
faisaient leur principale résidence
dans leurs *châteaux-forts*, chargeaient
des *baillifs* de surveiller leurs intérêts
dans les villes et de juger les procès
qui s'élevaient entre les habitans, c'est
à dire d'exploiter en leur nom cette
branche de leurs revenus, la seule
alors qui leur procurât quelqu'argent
comptant ; le surplus leur était payé
en nature.

De tous les *droits* que les villes rachetèrent, le plus précieux pour elles
était celui d'administrer elles-mêmes
la *justice*. Des *municipalités* se formè-
rent et furent chargées de ce soin.
Les *membres* en étaient nommés par

les citoyens et pour un tems limité. Ils ne remplissaient véritablement que des *fonctions* d'*arbitres* et ne furent jamais animés d'un autre esprit. Toute leur affaire était de concilier les intérêts et de chercher la justice.

Telle fut l'*origine* et la *nature* des *tribunaux* de *commerce* qui d'abord n'étaient autre chose que les *municipalités*.

Il est essentiel d'observer que les *attributions* des *municipalités* par rapport aux *pouvoirs judiciaires*, étaient beaucoup plus étendues que ne le sont aujourd'hui celles des *tribunaux* de *commerce*.

§ VII.

Modification de l'institution.

L'industrie devenue libre dans les

villes , prit un essor prodigieux et changea bientôt la face de la *société*. De nouvelles jouissances produisirent en foule de nouveaux besoins. Il fallut habiter les villes pour être plus à portée des *richesses industrielles* rendues nécessaires par la vanité ou par l'habitude. Les *seigneurs* quittèrent leurs châteaux ; ils rendirent la liberté à leurs *vassaux agricoles* ; ils vinrent habiter les villes, et leurs *forts* ne furent bientôt plus pour eux que des *maisons de plaisance* où ils allaient passer les beaux jours de l'année.

La présence habituelle des *princes* et des *seigneurs* dans les villes, diminua l'importance des *corps municipaux* dont ils envahirent une partie des *droits*, de manière que leurs *attributions judiciaires*, d'abord fort étendues et qui comprenaient une grande partie de celles des *tribunaux civils* actuels, furent réduites à juger les cas de *simple police* et les contestations relatives aux objets d'*industrie*. L'ad- ministration de la *police* est restée aux anciennes *municipalités* ; quant aux *contestations industrielles*, elles ont pas- sé aux *tribunaux* de *commerce* établis postérieurement.

§ VIII.

Esprit actuel de l'institution.

L'ESPRIT actuel des *tribunaux* de *commerce* est conforme à celui des *mu- nicipalités* dont ils tirent leur origine; c'est un *esprit* de *conciliation*. Les *juges* de ces *tribunaux* se considèrent com- me des *arbitres* chargés de prononcer sur des contestations qui surviennent entre leurs égaux; et la direction politique de leur opinion, est nécessairement l'aversion pour les pouvoirs arbitraires et la tendance à l'*égalité*, autant qu'elle est conciliable avec le respect des *propriétés*; esprit bien opposé à celui des *légistes*.

§ IX.

Résumé *de toutes les* considérations *présentées dans ce chapitre.*

Toutes les affaires peuvent être et doivent être jugées *arbitralement*, même les affaires criminelles qui en paraissent le moins susceptibles.

Toutes les personnes qui exercent les fonctions de *juge* peuvent se livrer à d'autres occupations, car ces fonctions doivent être passagères

pour conserver aux *juges* le caractère d'*arbitre*.

Or, ce bien général serait produit
par la mesure proposée, puisqu'alors
il n'existerait plus que des *propriétés
industrielles*, puisque toutes les contestations civiles seraient justiciables
des *tribunaux industriels*, qui jugent
arbitralement.

CHAPITRE SEPTIÈME.

Coup d'œil sur l'histoire politique de l'industrie.

§ I.er

Observations préliminaires.

TOUTE combinaison politique, toute institution, pour être vraiment bonne, doit satisfaire à deux conditions : 1.º d'être utile à la *société*, c'est-à-dire de procurer à la *société* des avantages positifs ; 2.º d'être en harmonie avec l'état présent de la *société*, d'être appropriée aux idées et aux choses existantes, d'être successivement préparée, en un mot de venir *à propos.* Cette seconde condition , quoique beaucoup moins connue que la première, est néanmoins tout aussi indispensable. C'est par elle seule que les institutions deviennent admissibles, car il n'y a de possible , ou au moins de durable, que ce qui n'est ni au-dessous , ni au-dessus de l'état actuel de la *société*, que ce qui n'est point intempestif. C'est là ce qui fonde la principale utilité des *considérations historiques*, car ce n'est que par l'observation philosophique du *passé*, que l'on peut acquérir une connaissance exacte des vrais élémens du *présent*.

La condition que nous venons d'établir , prescrit donc à celui qui propose une nouvelle mesure politique, l'obligation de démontrer, sous peine de n'avoir rempli que la moitié de sa tâche, que cette mesure est en harmonie avec l'état actuel de la *société*, ou pour plus de précision, qu'elle est amenée par le *passé* et *réclamée* par le *présent*. C'est pour satisfaire, autant qu'il est en nous à cette *observation générale*, que nous croyons nécessaire de présenter quelques *considérations supplémentaires*.

Les *considérations* que nous avons exposées dans les *chapitres précédens*, ainsi que celles du même genre qui se trouveront dans la suite de cet écrit, ont pour but de prouver que la mesure que nous proposons, doit procurer un grand accroissement dans la *recette nationale* et une grande diminution dans la *dépense*; d'où il résulte que cette mesure est utile.

Les *considérations* que nous allons présenter sont d'un autre ordre.

Elles ont pour but de faire voir à la *classe industrielle*, c'est à dire à la *nation*, que la position où elle est graduellement parvenue, doit l'inviter naturellement à adopter la mesure proposée ; que ses progrès passés et ses besoins actuels s'unissent pour l'y déterminer ; en d'autres termes, que l'adoption de cette mesure est le pas que l'ordre naturel des choses réserve à l'*industrie* dans le *dix-neuvième siècle*, et que ce *pas* est le seul qui reste à faire à l'*industrie* pour se saisir de la *direction* de la *société*, terme constant vers lequel ont tendu tous les progrès que la *classe industrielle* a faits depuis son origine.

§ II.

Progrès politiques de l'industrie.

Pour éclaircir les idées politiques

des *industriels*, pour connaître ce qu'il convient aujourd'hui à l'*industrie* d'entreprendre pour son perfectionnement social, il est nécessaire de rechercher à quel point l'*industrie* se trouve en ce moment de sa carrière politique ; or, c'est ce qui ne peut se faire que par un *coup d'œil* jeté sur le *passé*, par une récapitulation sommaire des pas successifs que l'*industrie* a faits jusqu'à présent.

Si l'on remonte dans l'*histoire* de l'*industrie* jusqu'à l'époque des *Grecs* et des *Romains*, on trouve que chez ces *peuples*, la *classe industrielle* était complètement *esclave* de la *classe militaire*.

L'esclavage de l'*industrie* continua sous les *guerriers* du *nord* qui détruisirent l'*empire romain*, et qui s'établirent dans l'occident de l'*Europe* à la place des anciens maîtres ou vainqueurs.

Cette révolution qui paraît, au premier abord, n'avoir consisté pour l'*industrie* que dans un simple changement de maîtres, fut cependant pour elle de la plus grande importance, à raison des suites heureuses de ce changement de domination.

L'esclavage de la *classe industrielle* changea de nature et devint *esclavage* de la *glèbe*, ce qui était une grande amélioration. En outre, les vainqueurs s'étant répandus dans la *campagne*, les *industriels* qui étaient établis dans les *villes*, ne furent plus soumis à l'inspection immédiate et continue des maîtres, ce qui leur fut encore très-favorable.

Ainsi, pour ces deux motifs, la *conquête* de l'*empire romain* par les *peuples* du *nord* de l'*Europe*, produisit le premier perfectionnement notable qui ait eu lieu dans le sort de l'*industrie*.

Le second progrès de la *classe industrielle* consista dans son *affranchissement*.

Les avantages que la destruction de l'*empire romain* procura, comme nous venons de le voir, à l'*industrie*, lui ayant permis de prendre un certain développement, elle parvint graduellement au point de pouvoir racheter sa liberté. Ce rachat est le plus important de tous les pas que l'*industrie* ait faits et de tous ceux qu'elle fera par la suite. C'était le point le plus capital pour elle ; c'est le commencement de son *existence politique* que nous allons voir se développer.

Ce *pas* important est désigné ordinairement sous le nom d'*affranchissement* des *communes* ; et c'est à bon droit qu'on se sert de cette expression , car les *communes* et l'*industrie* sont une seule et même chose : les *communes* , à leur origine , étant composées, en totalité, d'*artisans* et de *négocians* qui s'étaient établis dans les villes. C'est-là un *fait* très-essentiel à remarquer et qu'il ne faut jamais perdre de vue , pour se faire une idée juste de ce que nous devons entendre aujourd'hui par les *communes*.

Après que les *industriels* eurent racheté leur *liberté* , leur sort se trouva amélioré, sous ce rapport que chacun d'eux fut soustrait à l'arbitraire direct du *seigneur* dont il dépendait avant le rachat, et ce fut certainement un grand adoucissement pour eux. Mais ces *rachetés* n'en restèrent pas moins en masse dans la dépendance des *prêtres*, des *nobles* et des *militaires*; ils n'en étaient pas moins obligés de leur donner une grande partie des produits de leurs travaux, et de supporter les fréquentes avanies auxquelles ils étaient exposés de leur part. Voici de quelle manière l'*industrie* fut délivrée de cette seconde espèce d'arbitraire.

Les privilégiés qui composaient exclusivement la totalité du *parlement*, et qui n'avaient aucune intention de partager les pouvoirs qu'ils exerçaient, imaginèrent d'appeler les *députés* des *communes*, c'est-à-dire, de l'*industrie*, pour leur faire rendre compte de ce qu'ils possédaient, afin d'en tirer, en mettant de l'ordre dans la perception, plus qu'on ne pouvait en obtenir par la voie des avanies. Telle est la véritable origine des *communes parlementaires*, lesquelles n'ont aucun rapport avec les *assemblées de soldats au Champ de Mai*, qui ont existé en *France*, à des époques plus rapprochées de sa *conquête* (1).

L'établissement de cet usage doit être regardé comme ayant été extrêmement favorable à la *classe industrielle*, puisqu'il est le principe de tous les succès politiques qu'elle a obtenus depuis. Cependant, dans les commencemens, les *communes*, c'est-à-dire encore une fois, l'*industrie*, regardaient, comme une charge très-

---

(1) On nous reprochera certainement de confondre dans notre récapitulation, ce qui s'est passé en France et ce qui s'est passé en Angleterre. A cela nous répondrons, que ce n'est point une *question nationale*, mais bien une *question européenne* que nous traitons.

désagréable l'obligation où elles étaient d'envoyer des *députés* au *parlement*, parce que ces *députés* n'y jouissaient d'aucuns droits, et que leur mission se bornait à déclarer à combien se montaient les richesses de leurs *commettans*. Mais les choses n'en restèrent pas là et ne pouvaient pas en rester là. L'*industrie*, malgré les avanies et les vexations de tout genre que la *classe militaire* et *féodale* faisaient peser sur elle, vint à bout de s'enrichir à force de travail, de patience et d'économie. Elle acquit de l'importance et de la considération, parce qu'elle devint plus nombreuse; parce que des mariages entre les *industriels* et les *militaires* associèrent d'intérêts beaucoup d'individus de la *classe militaire*, à beaucoup de membres des *communes*. Par ces rai-

sons, par beaucoup d'autres, et sur-
tout par celle que l'*industrie* sut faire
sentir aux *militaires*, qu'il lui était
possible de tirer d'elle beaucoup plus
d'argent, tout en lui faisant payer
moins : en un mot, par la *capacité
financière* que l'*industrie* montra et
qu'elle présenta aux *militaires*, comme
pouvant leur être utile, elle obtint, de
ces derniers, que les *communes* auraient *voix délibérative* dans le *parlement*.

Ce grand pas fait par l'*industrie*,
mérite bien de fixer l'attention ; car
c'est en quelque sorte le commencement d'une *nouvelle ère* pour l'espèce
humaine. De ce moment, la *loi* du
plus *fort* a cessé d'être la loi unique ;
ou plutôt, la *force* et la *ruse* ont cessé
d'être les seuls élémens qui aient con-
couru à la formation de la *loi* : l'*in-*

térêt général aussi a commencé à être consulté.

Le pas que *l'industrie* a fait, après celui dont nous venons de parler, le dernier qu'elle ait fait jusqu'à ce jour, sous le rapport purement *politique*, est postérieur à la *révolution anglaise*. Il s'agit de l'usage qui s'est introduit, que la *chambre* des *communes* votât le *budget*, seule, entièrement seule, et exclusivement à tout autre pouvoir. La grande *révolution* des *Européens* aurait été terminée dès cette époque, le *régime industriel* et pacifique aurait été établi dans ce moment, si, d'une part les *communes d'Angleterre* n'avaient été représentées que par des *membres* de *l'industrie;* et si, de l'autre, *l'industrie anglaise* avait senti que, par la nature des choses, elle se trouvait plus intimement liée d'intérêt avec les *industriels* des autres pays, qu'avec les *Anglais* appartenans à la *classe militaire* ou *féodale*.

Mais à cette époque, la *féodalité* ayant encore une très-grande force, et l'*industrie* étant peu éclairée sur ses intérêts et sur la marche qu'elle devait suivre, elle se laissa dominer par l'*esprit féodal*, qui est essentiellement un *esprit* de *conquête*.

L'ordre naturel des choses, la marche de la *civilisation*, ont réservé la gloire de terminer à la *grande révolution européenne*, à l'*industrie française* qui, pour avoir fait le pas, dont nous parlons, plus tard que l'*industrie anglaise*, ne l'a fait que plus complet et plus décisif, ayant obtenu ce succès à une époque à laquelle la *féodalité* n'a plus de force et où l'*industrie* peut aisément s'éclairer sur ses intérêts et suivre une marche bien calculée.

Nous terminerons là notre *récapitulation* du *passé politique* de l'industrie. Donnons maintenant un coup-d'œil aux succès civils qu'elle a obtenus depuis que la *chambre* des *communes* s'est trouvée nantie du droit exclusif de voter l'*impôt*.

L'importance que l'*industrie* s'est acquise, depuis cette époque, est incalculable. Elle a tout envahi ; elle s'est emparé de tout. En perfectionnant ses produits, elle a habitué les hommes à des jouissances qui sont devenues, pour eux, des besoins. Mais c'est sur-tout le *gouvernement* qui est devenu tributaire de l'*industrie* ; c'est sur-tout lui qui est entré dans sa dépendance. Le *gouvernement* veut-il faire la guerre ? Se procurer des *tueurs*, n'est pas son principal souci ; c'est à l'*industrie* qu'il s'adresse, d'abord pour avoir de l'argent, et ensuite pour se procurer tous les objets dont il a besoin, et qu'il achète d'elle, avec l'argent qu'il a obtenu d'elle. C'est elle qui lui fournit des *canons*, des *fusils*, de la *poudre*, des *habits*, etc., etc., etc. L'*industrie* s'est emparé de tout, même de la *guerre*.

Par un effet heureux et nécessaire des perfectionnemens de l'*art militaire*, la *guerre* s'est mise de plus en plus dans la dépendance de l'*industrie*, tellement qu'aujourd'hui, la véritable *force militaire* est passée entre les mains des *industriels*. Ce ne sont plus les *armées* qui constituent la force militaire d'un pays, c'est l'*industrie*. Les *armées* d'aujourd'hui (et par *armée*, entendez la collection des *guerriers*, depuis le simple *soldat*, jusqu'au *chef* le plus éminent); les *armées*, disons-nous, ne remplissent plus que des fonctions subalternes; car leur mérite ne consiste qu'à employer les produits de l'*industrie*; l'*armée*, qui en est le mieux pourvue, est toujours celle qui obtient l'avantage, à moins d'une incapacité absolue de la part des *généraux*. Et la *révolution française* a bien prouvé que cette *capacité* du *général*, n'est pas si rare à trouver, ni si difficile à acquérir : on peut même observer que la *capacité militaire*, du moins pour les *corps* qui font aujourd'hui la principale force des *armées*, et desquels dépend en grande partie le succès des batailles, est un produit de l'*industrie théorique*.

L'*industrie* s'est également emparé

des *finances* : aujourd'hui , en *France* et en *Angleterre* , c'est elle qui fait les avances pour les besoins du *service public* , et c'est dans ses mains que se versent les produits de l'*impôt*.

Il résulte de cet *aperçu* de la *marche* et des *progrès* de l'industrie :

1.° Que , sous le *rapport politique* , la *classe industrielle* , esclave à son origine , a graduellement relevé et agrandi son existence sociale , et qu'enfin elle est aujourd'hui en position de prendre le pouvoir général , puisque la *chambre des communes* , étant nantie du *droit exclusif* de voter l'*impôt* , possède , par cela même , le grand *pouvoir social* , celui dont tous les autres dépendent ; et que , par conséquent , si le grand *pouvoir politique* n'est point encore entre les mains de l'*industrie* , cela tient uni-

quement à ce que la *chambre des communes* n'est point encore composée
en *majorité*, comme elle devrait l'être,
de *membres des communes*, c'est-à-
dire, de l'*industrie*.

2.º Que, sous le *rapport civil*, la
force réelle réside aujourd'hui dans
l'*industrie*, et que la *classe féodale*
s'est placée, relativement à tous ses
besoins, dans la dépendance de
l'*industrie*,

§ III.

*De ce qui a retardé, jusqu'à présent, la
marche de l'industrie.*

Si la *marche* de l'*industrie* a été jusqu'à présent fort lente, si même aujourd'hui l'*industrie*, malgré ses nombreux et importans succès, se trouve
encore, de fait, n'avoir qu'une exis-

tence subalterne, et si la *société* est encore gouvernée, en grande partie, par la *classe féodale*, ou du moins par l'*esprit féodal* (ce qui revient à peu près au même), la raison en est que, jusqu'à présent, les *communes* n'ont pas eu de *principes* qui leur fussent *propres*; qu'elles n'ont fait de progrès et obtenu de succès, que par une sorte d'*instinct pratique* et de *routine*.

Par principes de l'*industrie*, nous entendons ici la connaissance de la manière dont l'*industrie* userait du *pouvoir*. Cette connaissance qui n'est autre chose qu'un *plan politique* conçu dans des vues propres à l'*industrie*, et combiné dans ses intérêts, a jusqu'à présent manqué à l'*industrie*. Or il est bien clair que cette connaissance est indispensable à l'*industrie*, pour que le *pouvoir général* puisse passer entre ses mains, et que tant que les *principes* lui ont manqué, l'*industrie* n'a pu jouer qu'un rôle subalterne.

La *classe militaire* ou *féodale*, a des *principes* qui lui sont propres, et c'est pour cela qu'elle a conservé le *pouvoir général*. Mais, faute de *principes* à elle, l'*industrie* n'a fait jusqu'à présent et ne fait encore qu'exercer une *action critique* à l'égard des *combinaisons féodales*; elle n'a pas pu prendre à son tour l'initiative et donner l'impulsion.

Tous ses *principes* se réduisent au désir vague d'être *bien gouvernée*, c'est-à-dire d'être gouvernée d'une manière conforme à ses intérêts ; mais il est évident que ce désir, sans la connaissance des moyens de gouverner dans les intérêts de l'*industrie*, ne peut la conduire à rien, qu'à une *action critique*.

Les *principes* qui ont si long-tems manqué aux *communes*, ont enfin été produits par l'immortel *Smith*; car ces *principes* ne sont autre chose que les vérités générales qui résultent de la science de l'*économie politique*.

Depuis plus de *quarante ans*, des hommes du plus grand mérite font de ces *principes* leur occupation unique : d'une part, ils disposent le *travail*, et de l'autre, ils préparent la *raison publique* à accueillir favorablement cette importante innovation; ils la préparent à entendre délibérer sur les affaires de l'*État*, absolument de la même manière que sur celles de l'intérêt d'un particulier. A considérer une *association nationale* comme une *entreprise industrielle* qui a pour objet de procurer à chaque *membre* de la *société*, en proportion de sa mise, le plus d'aisance et de bien-être possible. **On** ne peut qu'admirer la sagacité que les savans *économistes* ont déployée dans ce *travail*, et la persévérance avec laquelle ils nous ont frayé une route entièrement nouvelle vers le *bonheur* et la *liberté*.

Smith, après avoir observé les procédés employés dans les différentes *entreprises industrielles*, rassemble ses *observations* ; il en forme un corps ; il généralise ses idées ; il établit des principes, et il crée une *science* basée sur l'*art* d'acquérir des *richesses* ; de même *Aristote* avait fait une *poétique*, d'après ses observations sur les ouvrages des poètes qui l'avaient précédé.

Une circonstance très-piquante à remarquer, c'est que le *livre* de *Smith* fut accueilli avec empressement par tous les *gouvernemens*. Heureux aveuglement des *gouvernans* qui ont toujours compté sur la *force* des *baïonnettes*! Admirable sagacité de ceux qui tendent à se soustraire à l'action de la force et qui ont pour but d'en ôter aux *gouvernemens* l'usage abusif!

Le *livre* de *Smith* était la critique la plus forte, la plus directe, la plus complète qui ait jamais été faite du *régime féodal* : chacune de ses pages contenait la démonstration que les *communes* ou l'*industrie* étaient dévorées par ce *régime* qui ne leur était utile sous aucun rapport ; que les *gouvernemens*, tels qu'ils étaient établis, tendaient continuellement à ruiner les *peuples*, puisqu'ils ne faisaient jamais que *consommer* ; tandis que l'unique moyen de s'enrichir, était de *produire*.

Son ouvrage peut être considéré comme une collection de réfutations détaillées de toutes les opérations des *gouvernemens*, et par conséquent, il peut être envisagé, dans son ensemble, comme une démonstration de la nécessité pour les *peuples* de changer les *principes* et la *nature* de leurs *gouvernemens*, s'ils voulaient cesser de vivre dans la misère, et s'ils voulaient jouir de la paix, et des fruits de leurs travaux.

Cet ouvrage contenait en même tems la preuve qu'une *nation*, pour acquérir de l'aisance, devait procéder de la même manière que les *manufacturiers*, que les *marchands*, que toutes les personnes exerçant une *industrie* quelconque ; et que par conséquent, le *budget* d'une *nation* qui voulait devenir libre et riche, devait

être formé d'après les mêmes principes que le *budget* particulier d'une
maison quelconque d'*industrie* ; que le
seul but sensé que pouvait avoir une
nation, était de *produire* le plus possible avec les moindres frais possibles
d'administration.

M. *Say* remanie les idées de *Smith* ;
il les classe d'une manière plus mé-
thodique ; il donne plus que l'in-
venteur ne l'avait fait, le caractère
de *doctrine* à son travail ; il ajoute
des considérations nouvelles, à celles
que *Smith* avait produites, et il inti-
tule son ouvrage : *Traité d'économie
politique.*

Dans M. *Say*, la critique de la conduite des *gouvernemens* actuels prend
un caractère plus clair ; la comparaison entre les *principes* de l'*administration militaire*, et ceux de l'*adminis-*

tration industrielle , est établie d'une manière plus directe.

Smith avait insinué bien modestement dans le monde la science qu'il avait créée; il l'avait présentée comme un moyen pour les *gouvernemens* de s'enrichir ; il ne l'annonçait que comme une science secondaire, comme une auxiliaire, une dépendance de la *politique*.

M. *Say* fait un pas de plus que *Smith* sous le rapport *philosophique :* il établit en tête de son ouvrage , que l'*économie politique* est distincte et indépendante de la *politique*; il dit que cette science a une base à elle, base tout à fait différente de celle sur laquelle repose la science qui a pour objet d'organiser les *nations*.

Toujours même aveuglement de

la part des *gouvernemens* les plus des-
potiques ; ils s'empressent de faire
traduire l'ouvrage de M. *Say*, et de
fonder des *chaires d'économie politique*,
c'est à dire des *chaires* où l'on démontre que les *gouvernement féodal* et *militaire* (qui est, plus ou moins, celui
de tous les *peuples* de l'*Europe*) est
un *gouvernement* en arrière de l'état
des lumières, ruineux pour les *peuples*, et qui ne leur est utile sous
aucun rapport ; où l'on démontre
que le *budget* conçu dans les vues et
dans les intérêts de ce *gouvernement*,
est une absurdité; que le *budget* d'une
nation doit être formé de la même
manière que celui d'une *société* ayant
fait une entreprise d'*industrie*; qu'une
nation doit nécessairement s'organiser pour un de ces deux buts, celui
de *voler*, ou celui de *produire*, c'est

à dire qu'elle doit avoir le *caractère militaire*, ou le *caractère industriel*, sous peine de n'être qu'une *association bâtarde*, si elle ne se prononce pas franchement dans l'un de ces deux sens (1).

------

(1) Cette dernière idée, qui est belle et utile, est due à M. *Comte*. C'est lui qui a dit le premier qu'un peuple se trouve dans une situation politique fausse, dans une situation telle que ses efforts s'entre-détruisent en grande partie, quand il ne se prononce pas franchement pour le *caractère militaire* (c'est-à-dire *voleur*), ou bien pour le *caractère industriel* (c'est-à-dire *pacifique*). C'est M. *Comte* qui dans un excellent travail a établi que les *Romains* étaient entièrement organisés pour la *guerre*; que toutes leurs institutions concouraient à leur donner la plus grande force militaire possible. C'est lui qui a fait voir comme quoi les *Romains* avaient agi conséquemment à l'esprit et aux lumières de leur époque. C'est encore lui qui a prouvé que les *peuples modernes* étaient en arrière des lumières de leur siècle, et qu'ils se montraient tout-à-fait inconséquens dans leur conduite, en confiant

Au point où en est le travail qui doit donner à *l'industrie* les *principes* destinés a lui servir de règle, il ne reste plus qu'une chose à faire pour atteindre le but : c'est que la connaissance de *l'économie politique* se propage généralement parmi les *industriels*. On a peine à concevoir, ce qui n'est pourtant que trop vrai, qu'une science aussi utile, aussi nécessaire à *l'industrie* que celle de *l'économie politique* ; qu'une science qui est la science propre de *l'industrie*,

---

les principaux emplois et la suprême direction des affaires à des *militaires*, tout en manifestant un vif désir de s'enrichir par le commerce, et une intention prononcée de faire fleurir *l'industrie*.

Nous saisissons avec d'autant plus d'empressement cette occasion de rendre justice au talent de M. *Comte*, que cet estimable *publiciste* vient d'éprouver de graves contrariétés.

soit cependant de toutes les sciences existantes, celle qui est de beaucoup la moins répandue.

§ IV.

Du pas que l'industrie doit faire aujourd'hui.

———

D'APRÈS ce que nous venons d'établir, l'*industrie* possède aujourd'hui la force réelle, et de plus, elle possède les principes qui lui manquaient, ou du moins, il lui est très-facile de les acquérir, puisqu'ils existent.

Si tel est, comme nous le pensons, le point véritable où en en est aujourd'hui l'*industrie* de sa carrière politique, d'où vient que la direction de la *société* n'est point encore passée entre ses mains? d'où vient que le *régime industriel* ne s'établit pas , et que le *régime féodal* et *militaire* subsiste encore? Cela vient premièrement de ce que les *principes industriels* ne sont pas encore assez généralement connus, et ne peuvent par conséquent avoir acquis le crédit qui doit faire leur confiance et leur force; et en second lieu, de ce que la force réelle et les principes ne suffisent pas, comme on pourrait le croire de prime abord, pour que l'*industrie* se constitue à la tête de la *société* : il lui faut encore un moyen, et un moyen légal de faire passer le *pouvoir* entre ses mains. C'est faute de connaître ce moyen, que lorsque l'*industrie* a voulu faire des tentatives pour se saisir du *pouvoir*, elle n'a employé et n'a pu employer que l'*insurrection*. Or, l'*insurrection* est d'abord le plus insuffisant de tous les moyens ; et ensuite ce moyen est absolument contraire aux intérêts de l'*industrie* ; car, pour elle, tout emploi de la force, est un mal, et c'est sur l'*industrie* que pèsent le plus les désordres populaires, parce que les *propriétés industrielles* sont, de toutes les propriétés, les plus faciles à détruire.

Ainsi, après le *problème* résolu par *Smith*, de la production des *principes* propres à guider la *marche* de l'industrie, le *problème* qui se présentait naturellement à résoudre, dans l'intérêt des *progrès* de l'*industrie*, était celui-ci : — Trouver un moyen légal pour que le grand *pouvoir politique* passe entre les mains de l'*industrie*.

Il ne faut ni de grandes forces d'intelligence, ni beaucoup de travail pour imaginer un moyen insurrectionnel ; mais pour trouver un *moyen légal*, la question présente beaucoup plus de difficultés. C'est à résoudre cette question que nous nous sommes attachés, persuadés que cette solution est la seule chose aujourd'hui qui manque à l'*industrie*, le seul pas qui reste à faire pour déterminer l'établissement du *régime industriel* qui est le but de tous les efforts que les *nations* civilisées ont faites depuis plus de *six siècles*, et le terme de la grande *révolution européenne* qui se prépare depuis si long-temps.

Nous croyons fermement avoir trouvé cette *solution*, et nous pensons que la mesure proposée atteint justement le but ; car cette mesure devant avoir inévitablement pour effet, au bout d'un certain temps, de composer la *chambre des communes* en totalité, ou du moins en très-grande majorité, de *membres* des *communes*, c'est-à-dire, de *l'industrie*; et d'une autre part, la *chambre des communes* possédant le grand *pouvoir politique*, puisqu'elle a le droit exclusif de voter le *budjet*; il s'ensuit que la mesure proposée doit faire passer le grand *pouvoir politique* dans les mains de l'industrie, et cela d'une manière tout-à-fait *légale*, entièrement conforme à la *constitution* existante, et de plus, sans aucun changement brusque, puisque cette mesure, par sa nature même, ne peut produire son effet que graduellement.

Par ces considérations, nous sommes pleinement convaincus que l'adoption de la mesure, est le *pas* que *l'industrie* doit faire *aujourd'hui*, et que par conséquent cette adoption aura lieu tôt ou tard, conformément à cette loi générale, confirmée par toutes les observations historiques, que rien ne peut arrêter, d'une manière durable, les *progrès* de la *civilisation*.

CHAPITRE HUITIÈME.

Conduite des Légistes pendant le cours de la révolution française, comparée avec celle des Industriels.

---

§ I.er

Conduite des Légistes.

APRÈS avoir, dans les deux *chapitres* précédens, mis le *lecteur* à portée de suivre rapidement l'*historique* des *tribunaux* et celui de l'*industrie*, il nous semble que nous laisserions imparfaits les rapprochemens qu'il importe d'établir, si nous ne les terminions point par la comparaison de la conduite des *légistes* et de celle des *indus-triels*, pendant le cours de la *révolu-tion française.*

Quelle a donc été la conduite des *légistes*? D'abord, ce sont les *Giron-dins* qui ont renversé l'*ancien gouver-nement*; ce sont eux qui ont établi la *république*; ce sont eux qui ont empê-ché la réorganisation de la *monar-chie*; et ce parti, connu sous le nom de *Girondins*, avait, pour chefs, *Guadet*, *Vergniaux* et *Gensonné*, tous trois *légistes*, tous trois *avocats.*

L'ancien *gouvernement* ayant été renversé, ce fut *Robespierre* qui s'em-para du *pouvoir*; et qu'était *Robes-pierre*? encore un *légiste* : ses princi-paux lieutenans étaient aussi des *lé-gistes*. On vit des *comités* de *salut public* et de *sûreté générale*, tout peuplés de *légistes*. Il est constant que ce sont les *légistes* qui ont gouverné la *France* pendant l'époque la plus orageuse et la plus affligeante de la *révolution*.

C'étaient teux également qui administraient les assemblées de *département*, celles des *districts*, celles de *cités*, appelées *municipalités*; toutes étaient dirigées par eux.

Il ne se bornèrent point alors à s'emparer des pouvoirs *législatif*, *administratif* et *exécutif*; mais ils parvinrent aussi à diriger l'impulsion populaire. Ils fournirent des chefs aux *Jacobins*; ils créèrent un *club* des *Cordeliers*; ils composèrent enfin, presqu'exclusivement, tous les *bureaux* des différentes *sociétés populaires* de ces temps malheureux.

Ainsi, du moment où il faut bien reconnaître que le *régime* de la *terreur* a été inventé par les *légistes*, devenus maîtres de tout, et fondé, par eux, sur les ruines de l'ancien ordre des choses qu'ils avaient détruit, il faut bien les reconnaître aussi pour les instigateurs, les régulateurs, et même, jusqu'à un certain point, les exécuteurs de tant d'atrocités qui ont signalé leur sinistre invention.

Toujours guidés par le même esprit de corps, celui de la *domination*, ils ne se démentent dans aucune de nos grandes crises politiques. Il leur faut du pouvoir à tel prix que ce soit; et pour en obtenir le plus possible, nouveaux *protées*, ils savent prendre toutes les formes selon les circonstances. Suivons leur marche.

Bonaparte survient et s'empare, à son tour, de la suprême autorité. Aussitôt, ce même corps de *légistes* qui, la veille encore, pour ainsi dire,

qui, la veille encore, pour ainsi dire,
professait le *républicanisme* le plus
forcené, qui venait presque d'in-
venter cette phrase à jamais mémorable, écrite en gros caractères, sur
tous les murs, sur tous les édifices
publics : *Unité, indivisibilité de la république ; liberté, égalité, fraternité ou la
mort*, fut un des premiers à se courber
devant l'*idole*. C'était à qui d'entr'eux
montrerait le plus de zèle, le plus
d'empressement pour servir et con-
solider la nouvelle puissance. *Cam-
bacérès* a créé le rôle de *lieutenant
civil* d'un *despote militaire*. A cette
époque, les *discours* de toutes les
cours de justice, de tous les tribunaux, ont prouvé que le *despotisme*
convenait infiniment à l'esprit de
notre législature. Rien de si curieux
en ce genre qu'un opuscule qui parut

lors de la chute de *Napoléon*, sous le titre d'*Oraison funèbre d'un grand homme*, par une *société de gens* de *lettres* : on l'avait composée de tous les passages adulateurs, de toutes les maximes spécieuses et erronées sortis de la bouche ou de la plume de ces êtres versatiles, qui n'hésitent jamais à tout sacrifier à leur intérêt personnel ; et comme chaque phrase portait le nom de son auteur, il était facile de se convaincre, que la meilleure part de l'ouvrage appartenait encore aux *légistes*.

Cependant *Bonaparte* est renversé par l'effet d'une réaction militaire ; l'ancien *gouvernement* est rétabli, et le corps des *légistes* change de langage ; mais il ne s'en montre pas moins ardent pour servir le pouvoir, et pour restreindre les libertés du peuple ; sa manière d'interpréter, la *charte* est constamment *anti-libérale*.

La *révolution* a fourni au corps des *légistes* l'occasion de faire connaître l'esprit dont il est animé : c'est une soif infatigable du *pouvoir*, au point que le posséder en subalternes devient l'objet de leurs désirs et de leurs efforts, quand ils ne peuvent pas être maîtres absolus ; et l'on cessera de s'en étonner, si l'on fait réflexion que les *Empereurs romains*, les plus grands despotes qui aient jamais existé, sont les inventeurs de la *science* professée par les *légistes*, ainsi que des *principes* de *droit* dont ils se chargent de faire les applications.

§ II.

Conduite des industriels.

LES *industriels* n'ont joué aucun rôle actif pendant le cours de la *révolution* : ils n'ont rien gouverné, rien administré des affaires publiques ; ils n'ont aucunement tenté de s'emparer du *pouvoir* ; aucun des actes arbitraires, qui ont rendu cette époque horriblement mémorable, n'a été commis par eux : c'est à eux, au contraire, que ces sortes d'actes ont fait le plus de mal. Les *industriels* ont, dans cet intervalle, perdu leurs capitaux deux fois : la *loi* du *maximum* les leur enleva une première fois ; vint ensuite, sous *Bonaparte*, la *loi* qui fit brûler les *marchandises anglaises* et ruina une seconde fois l'*industrie*.

Les *industriels* n'ayant point cherché à s'emparer du *pouvoir*, lorsque l'ancien *gouvernement* succomba, ont montré le même éloignement à devenir les instrumens des divers pouvoirs qui se sont succédés depuis.

L'esprit politique que les *industriels* ont laissé voir dès l'origine de leur corporation, c'est à dire depuis l'*affranchissement* des *communes*, celui qu'ils ont manifesté pendant tout le cours de la *révolution*, celui enfin qu'ils professent encore aujourd'hui et d'après lequel ils agissent, est une combinaison où ils se proposent constamment pour but, 1.º d'éviter toute secousse politique, et par conséquent de ne point changer la forme de *gouvernement* quelconque qui se trouve établie. 2.º De limiter l'action du *pouvoir* et de la restreindre le plus possible. 3.º De diminuer les dépenses du *gouvernement* et tout mauvais emploi de l'*impôt*.

Il se trouve aujourd'hui, par l'effet de la *loi* des *élections*, quelques *industriels* importans dans la *chambre des députés*. Qu'on examine avec soin toutes les *opinions* qui ont été émises par eux, et l'on verra qu'ils ont eu constamment pour objet d'obtenir, de concilier, et de combiner le plus de tranquillité, de liberté et d'économie possible.

---

§ III.

Conséquences de cette comparaison.

Il résulte évidemment de cette comparaison :

1.º Que les *gouvernans*, ainsi que les

gouvernés, ont intérêt à accroître l'*importance politique* des *industriels*, puisque, d'une part, ceux-ci sont toujours disposés à maintenir le *gouvernement* existant, et que, de l'autre, ils travaillent sans cesse à restreindre le *pouvoir* et à diminuer l'*impôt*.

2.° Qu'il est également de l'intérêt des *gouvernans* et des *gouvernés* de diminuer l'*influence politique* des *légistes*, puisque, d'un côté, cette corporation est ambitieuse, révolutionnaire, toujours prête à renverser ou à envahir le pouvoir ; et que, d'un autre, quand elle ne peut pas s'emparer du pouvoir, ou qu'elle est obligée de l'abandonner, elle se montre toujours prête à servir ceux qui le possédent contre les intérêts du *peuple* ; enfin que dans l'un et l'autre cas, elle travaille à diminuer les libertés de la *nation*, comme à donner de l'accroissement aux charges qui pèsent sur elle.

CHAPITRE NEUVIÈME

ET DERNIER.

Résumé de ce premier Cahier.

LA seule classe de la *société* dans laquelle nous désirons voir s'accroître l'ambition et le courage politique, la seule où cette ambition puisse être utile, où ce courage soit nécessaire, est, en général, la classe des *industriels* ; car leurs intérêts particuliers sont parfaitement d'accord avec l'intérêt commun, par la seule force des choses. C'est dans le sentiment de cette vérité que nous avons hautement embrassé la cause des *indus-*

triels la regardant comme le centre réel et le foyer de la *civilisation.*

Tout ce que nous avons dit jusqu'ici sur la conduite que les *industriels* devaient tenir, peut se *résumer* en un mot, en un simple principe du sens commun.

Fuyez tout mélange, toute communauté avec les hommes dont l'intérêt est, par sa nature, ennemi du vôtre.

Liez-vous avec les hommes qui ont avec vous un même intérêt et fortifiez-en le nombre par tous les moyens qui vous appartiennent. Or, nous vous en proposons un bien simple et bien puissant, dont le succès ne dépend que de vous ; sachez seulement vous *entendre* et *vouloir.*

Les intérêts des *cultivateurs* sont les mêmes que les vôtres ; ils sont *indus-*

triels ; liez-vous à eux et emparez-vous d'un si puissant renfort.—Ce point emporté, votre cause est gagnée sans retour.

Que faut-il pour cela ? obtenir une *loi* qui les autorise à engager les *propriétés foncières*, comme le *banquier* engage la *propriété mobiliaire* confiée à sa probité, à sa prudence, et à son intérêt.

Les intérêts des *propriétaires* de terres, non *cultivateurs*, sont opposés aux vôtres et se confondent avec ceux de la *noblesse* ; craignez donc cette alliance, et laissez au moins distinct ce qui doit être ennemi.

Les *nobles*, les *propriétaires* de terres, non *cultivateurs*, sont en possession du droit qui ne devrait appartenir qu'à vous seuls ; car vous seuls, servez nécessairement l'intérêt commun, en servant le vôtre ; étant donc nantis de ce droit, ils se garderont bien de le mettre en question ; ce que nous proposons , serait un coup mortel pour eux , et ils ne manqueront pas de lutter contre , de toute leur force , eux et la tourbe des *légistes*, leurs organes fidèles. Songez donc à vous défendre contre des phrases de plaideurs, par le langage de la raison, et contre une morale hypocrite, par les repliques invincibles d'une morale vraie et hardie, celle du *sens commun*.

Pour nous , plus ils seront nombreux dans les rangs de nos ennemis, plus nous nous applaudirons du succès; et leur acharnement à décrier nos travaux, doit être, à vos yeux, la mesure de la bonté de nos conseils.

Mais, au lieu de les attendre, empressez vous de les attaquer vous-mêmes et de les poursuivre. Ils auront leurs avocats ; vous, appelez les vôtres. D'un côté, les *gens* de *loi;* de l'autre, les *économistes* (1), et nous verrons de quel parti seront le *bon sens* et la *victoire*.

Nous n'insisterons pas davantage sur ce moyen général d'engager utilement le combat, entre l'*industrie* et ce qui n'est pas elle ; nous l'avons

------

(1) Nous employons le mot *économistes* pour désigner ceux qui cultivent l'*économie politique*, parce que cette longue dénomination distrait de l'idée. Au surplus, les *économistes* ayant été les véritables fondateurs de l'*économie politique*, cette science nous paraît devoir porter leur nom. Consacrons le souvenir des importans services qu'ils ont rendus; les erreurs qu'ils ont commises sont aujourd'hui sans inconvénient, puisqu'on les a totalement perdues de vue.

assez rebattu dans nos écrits précédens ; nous ajouterons seulement
qu'une *souscription*, même peu considérable, de quelques *maisons* importantes, suffirait pour donner la
première impulsion et commencer
la *grande œuvre industrielle*, l'œuvre
essentiellement libérale. Quelques
prix livrés à l'émulation glorieuse des
écrivains, une bagatelle (1) de *cinquante*

---

(1) Nous croyons devoir justifier cette qualification
de *bagatelle*, donnée ici à une somme de cinquante
mille francs. Cette expression, qui étonnera peut-être
quelques personnes, paraîtra juste à ceux qui verront
assez loin pour s'apercevoir que le résultat de la discussion sera, d'une part, de verser *trente milliards* de
fonds dans les affaires, et de l'autre, de décharger l'industrie d'une grande partie des impôts qu'elle paie en
ce moment. L'expression de *bagatelle* paraîtra encore
plus juste à ceux qui voyant encore plus loin , s'aper-
cevront que l'établissement complet du *régime industriel* et *pacifique* serait une suite naturelle de cette
discussion.

mille francs seraient peut-être lecapital de la plus grande entreprise, de la plus heureuse révolution qui puisse jamais s'opérer pour le bonheur de la *France* et de l'*Univers*.

———————

1.er NOTA. — Nous croyons en avoir dit assez dans cet écrit, pour faire sentir l'importance du moyen proposé. Toutefois, nous devons nous attendre à n'être pas suffisamment entendus de tous les esprits ; il en est un grand nombre qui exigeront des développemens plus étendus : notre dessein est de les satisfaire dans les cahiers suivans, où nous envisagerons la même question sous plusieurs points de vue nouveaux et très-importans ; nous ferons voir de quelle influence serait la mesure proposée sur les frais de l'armée de terre et de l'armée de mer, sur les frais qu'exigent les colonies, l'administration publique, les relations extérieures, et en un mot, tout ce qui a rapport à la liberté et à la richesse nationale.

2.e NOTA. — Nous invitons les personnes qui, se trouvant dans une disposition bienveillante à

notre égard, désirent accorder quelques encou-
ragemens à notre entreprise, à vouloir bien nous
communiquer toutes les observations qu'elles
auront pu faire sur nos travaux. Nous les publie-
rons avec empressement, et nous y répondrons
le plus promptement qu'il nous sera possible.

Les personnes qui jugeront les idées que nous
soumettons au public dignes de fixer son attention, sentiront que le meilleur ...oyen pour atteindre ce but, est celui que nous venons de proposer.

Adresser les lettres (*franches de port*) à M.
Henri SAINT-SIMON, rue Richelieu, n.º 115.

FIN DU PREMIER CAHIER.